GOLDMANN

Buch

Freiheit statt Luxus hieß es in der Reformation, Leistung statt Luxus beim alten Soldatenkönig, der die Müßiggänger mit dem Stock schlug und den Marktweibern das Schwätzen verbot.
Doch Lebenslust läßt sich nicht ausrotten und auch nicht die Utopie vom Überfluß.
Einst träumte man von der Abschaffung der Arbeit – bald wird Arbeit vielleicht der Luxus weniger sein. In unserer Konkurrenzgesellschaft ist jedenfalls das Humane Luxus geworden. Muß uns also nichts am Luxus liegen?
Könnte es nicht einen Luxus der Askese geben – denn was anderes wäre die Absage an den täglichen Streß, wenn nicht Luxus und Askese zugleich? Könnten wir nicht wieder einmal die Umwege und damit das Überflüssige kultivieren? Und könnten nicht die Alten uns Vorbild sein bei der Rückgewinnung der Muße?
Denn Luxus, das ist Muße, Verschwenden und Vergessen von Zeit.

Autor

Christian Graf von Krockow, geb. 1927 in Rumbske, Pommern, ist Professor für Politikwissenschaft und lebt als freier Schriftsteller in Göttingen. Bekannt wurde Christian Graf von Krockow durch zahlreiche Buchveröffentlichungen, unter anderem *Die Reise nach Pommern – Bericht aus einem verschwiegenen Land* (1985) und *Die Stunde der Frauen – Bericht aus Pommern 1944–47* (1988).

CHRISTIAN GRAF
VON KROCKOW

DIE HEIMKEHR ZUM LUXUS

VON DER NOTWENDIGKEIT DES ÜBERFLÜSSIGEN

GOLDMANN VERLAG

Quellennachweis

Aus den nachfolgenden Werken wurden mit Genehmigung der betreffenden Verlage Zitate übernommen:

José Ortega y Gasset, Betrachtungen über die Technik
Deutsche Verlagsanstalt, Stuttgart 1949

Hannah Arendt, Vita activa oder Vom tätigen Leben
R. Piper & Co. Verlag, München 1967

Ernst Jünger, Sämtliche Werke, Bd. 7:
Essays I: Betrachtungen zur Zeit
Klett-Cotta, Stuttgart 1980

Der Goldmann Verlag
ist ein Unternehmen der Verlagsgruppe Bertelsmann

Made in Germany · 10/91 · 1. Auflage
Genehmigte Taschenbuchausgabe

Umschlaggestaltung: Design Team München
Bildmotiv: Artothek/Blauel-Gnamm, Peißenberg
Druck: Presse-Druck Augsburg
Verlagsnummer: 12329
SK · Herstellung: Sebastian Strohmaier
ISBN 3-442-12329-1

Inhalt

Vorwort

Luxus: Das Wort stammt aus dem Lateinischen; seine Übersetzung dürfte irgendwo zwischen dem Überfluß und der Verschwendung anzusiedeln sein. Gemeint ist »jeder persönliche Aufwand, der eine von der sozialen Umwelt als normal empfundene Lebenshaltung auffällig übersteigt« – so jedenfalls kann man es in einem modernen Nachschlagewerk lesen.[1]

Ob das durchweg zutrifft, ist freilich die Frage. In Pommern gab es einst einen Grafen Zitzewitz, der wegen der vielen Güter, die ihm gehörten, der »Kaschubenkönig« genannt wurde. Ein wohlhabender, nach den Maßstäben der Zeit sogar reicher Mann also – doch immer sah man ihn in seinen uralten, zerknautschten, von Wind und Wetter ausgewaschenen Loden. »Warum denn soll ich etwas anderes anziehen?« pflegte er auf Vorhaltungen zu antworten, »in Stolp kennt mich sowieso jeder – und in Berlin niemand.«

Ähnliches findet man beim englischen Gentleman, der das Abgetragene seines Maßanzugs mit dem Leder auf den Ellenbogen kenntlich macht. Es liegt nahe, von einem auffälligen Unterschreiten des Üblichen, allgemein Geltenden zu sprechen. Gleichwohl ist der Luxuscharakter unverkennbar. »Ich habe das nicht nötig, ich kann es mir leisten«, demonstrieren der hinterpommersche Graf und sein britischer Vetter gegen die Masse der Verkäufer, Bankangestellten und Beamten, die ihr Beruf in den »korrekten« Anzug mit Schlips und Kragen zwängt. Der Gentleman unterstreicht den Sachverhalt noch, indem er am Abend, wenn die anderen es sich aufatmend bequem machen, den Smoking anlegt, sei es selbst in den Tropen, unter afrikanischen Temperaturen.

Dies wiederum erinnert an die Geschichte von Landesbischof Hanns Lilje, der bei einer Konferenz in Indien im hochgeschlossenen Lutherrock ausharrte, als alle übrigen Teilnehmer längst vor der Hitze kapituliert und sich in die Hemdsärmeligkeit geflüchtet hatten. »Hosenträger?« flüsterte mitfühlend ein Nachbar. »Nein, Würdenträger.«

Luxus ist also nicht zu verwechseln mit der Bequemlichkeit, die man für Geld kaufen kann. Unter Umständen erfordert er große Anstrengungen ebenso wie die Disziplin und den Einfallsreichtum. Wahrscheinlich sollte man ihn bestimmen als das Überflüssige, das über des Lebens Notdurft und Notwendigkeit demonstrativ hinausführt. Je nachdem, ob diese Demonstration sich in erster Linie gegen die materiellen Verhältnisse oder gegen die herrschenden Konventionen richtet, tritt entweder der Aufwand oder das Abweichen in den Vordergrund.

Es versteht sich, daß Aufwand und Abweichen anstößig wirken. Wohl zu allen Zeiten hat es Bußpredigten wider den Luxus gegeben; Reformbewegungen, manchmal sogar Revolutionen zielen in ihrer Stoßrichtung auf die »Entartung« und kämpfen für das Schlichte, das angeblich von der Natur oder Gott Gegebene. Im schon zitierten Nachschlagewerk heißt es streng: »Luxus widerspricht dem sittlichen Ideal einfacher anspruchsloser Lebensführung; da er Neid erzeugt, kann er zu sozialen Konflikten führen.« Aber es muß nicht so sein. An die Stelle des Neides kann auch die Bewunderung treten. Darum gibt es Länder –

zu denen die deutschsprachigen allerdings kaum gehören –, in denen der Luxus unbefangen zur Schau gestellt und mit Eifer nachgeahmt wird.

Ohnehin scheint die Verlockung zum Luxus schier unausrottbar zu sein. Vielleicht gehört sie zum Menschen als Menschen. Warum das so ist, läßt sich erkennen, wenn wir den zwiespältigen Sachverhalt in eine etwas andere Perspektive bringen, indem wir statt vom Überflüssigen vom Unvernünftigen sprechen.

Denn an den Maßstäben des Notwendigen und Nützlichen gemessen, erscheint jeder Luxus in der Tat als unvernünftig. Darum kämpfte zum Beispiel während der Neuzeit eine besorgte Obrigkeit erbittert gegen die sogenannten Bauernhochzeiten: Die armen Leute feierten sich nicht selten um Haus und Hof, mindestens pflegten sie sich auf Jahre hinaus tief zu verschulden. Mit ähnlicher Unvernunft haben noch heute Sozialfürsorger zu tun. Ihre Schutzbefohlenen, die armen Randsiedler der Gesellschaft, schaffen sich teure Autos, Paradekissen, Sammeltassen, Kitschfiguren und zu allem Unheil auch noch eine wimmelnde Vielzahl von Kindern an; doch am praktischen Notwendigen fehlt es an allen Ecken und Enden. Vergleichbares findet man übrigens in vielen Kulturen, zum Beispiel die Paradekissen und den Kitsch in China so gut wie in Mexiko. Nur der Kindersegen wird inzwischen von den chinesischen Behörden rigoros bekämpft, weil man vernünftig sein und auf dem steinigen Weg zur modernen Wohlstandsgesellschaft vorankommen möchte.

Gleichsam auf ihren Begriff gebracht wurde die praktische Unvernunft in der Sitte des Potlatch, die einst bei Indianerstämmen Nordwestamerikas verbreitet war. Es handelte sich um zeremonielle Feste, bei denen die Teilnehmer einander dadurch zu imponieren versuchten, daß sie den eigenen Besitz – wertvolle Decken, Pelze, Töpfe, Kleidung, Schmuck – wegschenkten oder zerstörten. Wer am meisten preisgab, der war der Vornehmste. Wir mögen darüber den Kopf schütteln, aber dürfen wir uns erhaben dünken? Unsere Bauernhochzeiten samt Polterabend liegen so weit nicht zurück, und womöglich feiern wir insgeheim und vorbewußt unsere eigene Art von Potlatch, etwa auf den Ferien-Autobahnen.

Wie dem auch sei: Sofern wir dem unvernünftigen Aufwand nur ein wenig Nachdenklichkeit widmen, stoßen wir auf Zusammenhänge, die sich leicht durchschauen lassen. Das Überflüssige und Unvernünftige, das allem Notwendigen und Nützlichen verloren ist, wirkt als ein Signal der Freiheit. Bestätigt wird, was der Mensch weniger als alles andere entbehren kann: Selbstachtung und Würde. So betrachtet, gewinnt die »Unvernunft« armer Katenbewohner auf einmal ihren tiefen Sinn, ebenso wie die verschwenderische Gastlichkeit alter Bauern- oder Nomadenvölker, die man nicht tiefer kränken kann, als wenn man sie zurückweist, weil man den armen Leuten nichts wegessen möchte. Gerade dort, wo die Erfahrung der Not den Lebenshorizont bestimmt, in der bitteren Armut, gewinnt jedes Zeichen des Überflüssigen, jedes Stück Luxus besondere, ja lebenswichtige Bedeutung. Es wird bestätigt, sichtbar gemacht und ins Symbol gefaßt, daß der Mensch trotz allem sich über die Demütigungen und Unsicherheiten seiner Existenz zu erheben vermag.

Daher, heißt es bei dem spanischen Philosophen

José Ortega y Gasset, »ist für den Menschen nur das objektiv Überflüssige notwendig. Dies wird man für paradox halten, aber es ist die pure Wahrheit. Die biologisch objektiven Notwendigkeiten an sich sind nicht notwendig für ihn. Findet er, daß er sich ganz auf sie beschränken muß, so weigert er sich, sie zu befriedigen, und zieht es vor, zu unterliegen. Sie verwandeln sich in Notwendigkeiten nur, wenn sie als Bedingungen des ›In-der-Welt-Seins‹ erscheinen, das seinerseits in subjektiver Form notwendig ist, das heißt, weil es das Sich-wohl-Befinden in der Welt und das Überflüssige notwendig macht. Daraus geht hervor, daß selbst das objektiv Notwendige für den Menschen nur im Hinblick auf das Überflüssige notwendig ist ... Der Mensch, der tief und völlig davon überzeugt wäre, daß ihm das Sich-wohl-Befinden, oder zumindest eine Annäherung daran, nicht gelingen kann und daß er sich mit dem bloßen und nackten Sich-Befinden begnügen müßte, begeht Selbstmord.«[2]

Das Überflüssige, der Luxus nicht als etwas, wovon man auch lassen könnte, sondern als die erste, dringendste Notwendigkeit kennzeichnet den Menschen eben deshalb, weil er über die bloße Notwendigkeit immer schon hinaus und unterwegs ist zur Freiheit. Wie bereits Herder gesagt hat: »Lasset uns bedenken, was in der großen Gaben Vernunft und Freiheit liegt, und wieviel die Natur gleichsam wagte, da sie dieselben einer so schwachen, vielfach gemischten Erdorganisation, als der Mensch ist, anvertraute. Das Tier ist nur ein gebückter Sklave; wenngleich einige edlere derselben ihr Haupt emporheben oder wenigstens mit vorgerecktem Halse sich nach Freiheit sehnen. Ihre noch nicht zur Vernunft gereifte Seele muß notdürftigen Trieben dienen, und in diesem Dienste sich erst zum eignen Gebrauche der Sinne und Neigungen von fern bereiten. Der Mensch ist der erste Freigelassene der Schöpfung; er steht aufrecht. Die Waage des Guten und Bösen, des Falschen und Wahren hängt in ihm; er kann forschen, er soll wählen. Wie die Natur ihm zwei freie Hände zu Werkzeugen gab und ein überblickendes Auge, seinen Gang zu leiten: so hat er auch in sich die Macht, nicht nur die Gewichte zu stellen, sondern auch, wenn ich so sagen darf, selbst Gewicht zu sein auf der Waage.«[3]

Nur leider: Unsere Freiheit bleibt weithin ein Traum. Immerfort wird sie eingeschränkt und bitter gekränkt. »Über den Wolken muß die Freiheit wohl grenzenlos sein«, singt ein Lied. Doch an der vielfach gemischten Erdorganisation haftet die Erdenschwere; wir leben weder im Wolkenkuckucksheim noch im Paradies, das wir fernab in einer verlorenen Natürlichkeit oder in der Südsee vermuten.

Einerseits bleiben wir, lebenslänglich, die Leibeigenen des Zwanges, für Notdurft und Nahrung zu sorgen. »Warum eigentlich ist Tütenkleben Arbeit und die Mont-Blanc-Besteigung Sport?« hat Mark Twain einmal gefragt. Meist gleichen wir den Tütenklebern; als Gefangene schmachten wir unter der Knute jenes allgegenwärtigen Aufsehers, der Notwendigkeit heißt. Und wie weit bringen wir es selbst mit angestrengter Arbeit? Daß sie frei macht, steht zum Hohn überm Lagertor der Versklavung geschrieben.

»Entbehren sollst du! sollst entbehren!
Das ist der ewige Gesang.«

Daher wohl der Traum nicht nur vom Gipfelsturm

über die Wolken hinaus, vom Paradies in der Südsee oder das Märchen vom Schlaraffenland, sondern die Hoffnung auf Lottomillionen, die uns aus der Sklaverei erlösen sollen.

Andererseits umstellen uns die politischen Gewalten, ihre Anordnungen oder Unordnungen, die gesellschaftlichen Zwänge, die Konventionen, die Tabus. Sie umstellen uns sogar dort, wo von der Freiheit und vom Recht die Rede ist. Um nach Faust Mephisto das Wort zu geben:

»Vernunft wird Unsinn, Wohltat Plage;
Weh dir, daß du ein Enkel bist!
Vom Rechte, das mit uns geboren ist,
Von dem ist, leider! nie die Frage.«

Daher der Traum von der Anarchie. Der Luxus aber leuchtet als das Symbol, als ein Widerschein der Freiheit, die wir entbehren. Genau darum ist er als das Überflüssige und Unvernünftige notwendig; genau darum fordert er zwiespältig den Neid ebenso heraus wie die Bewunderung.

Ein Widerschein der Freiheit, die uns versagt bleibt: Unversehens rückt damit, im Irdischen, der Luxus in jene Perspektive des Überirdischen ein, in der man von der Religion gesagt hat, daß sie Opium für das Volk sei, ein Seufzer der bedrängten Kreatur. Könnte die endlich verwirklichte Freiheit den Luxus nicht dorthin verdrängen, wohin er gehört, ins Abseits des Überflüssigen?

Dies ist auf dem langen Weg in die Moderne eine Kernfrage; es ist die Utopie der Neuzeit. Und es läßt sich verstehen, daß man in der Hitze des Gefechts mitunter das Symptom mit der Krankheit, die Ursache mit der Wirkung verwechselt: Luxus wird in der Erwartung bekämpft, daß mit seiner Unterdrückung sich die Freiheit schon einstellen werde. Indessen gibt es zum Hohn wenig Anlaß: »Freiheit statt Luxus« – das ist wahrlich ein edles Programm. Solange es seiner Erfüllung noch harrt, fordert es Anstrengungen, Opfer und sogar das »Prinzip Hoffnung« heraus.

Wie aber, wenn es endlich und doch in seiner Gestalt recht unerwartet an die Erfüllung heranrückt? Dann werden Paradoxien sichtbar. Der verwirklichte Traum erweist sich als leer, Freiheit ohne Inhalt und Aufgabe als banal; die Hoffnung schlägt um in Langeweile, in den Überdruß, die Verzweiflung. Tiefe Schatten fallen ins menschliche Selbstbewußtsein. Das heißt, anders gewendet: Die Notwendigkeit des Überflüssigen macht sich neu bemerkbar; wir fühlen, daß wir etwas brauchen, was wir lange vergessen hatten, obwohl wir noch kaum in der Lage sind, es zu benennen.

Dieses Buch will nun dreierlei versuchen. Sein erstes Kapitel skizziert die Utopie der Neuzeit und damit den Kampf wider den Luxus in historischen Beispielen. Das zweite Kapitel schildert die Probleme, die Widersprüche, in die wir genau in dem Maße geraten, in dem wir erreichen, was wir immer gewollt haben. Das dritte Kapitel fragt nach den Möglichkeiten einer Heimkehr zum Luxus. Bietet sich eine Chance, ihn mit der Freiheit zu versöhnen, so daß es sich lohnt, ihm zu huldigen – oder gar: auf ihn hin unserem Leben die Spannung, die Bestätigung zu schaffen, die wir so bitter vermissen?

Leistung statt Luxus: Drei historische Skizzen

Der protestantische Wertewandel

Im Jahre des Herrn 1510 reist ein treuer Diener der Kirche von Erfurt nach Rom: Martin Luther. Im folgenden Jahr kehrt er zurück, mit Zweifeln beladen. Sie hatten sich an der Prachtentfaltung entzündet: Wie denn läßt es sich rechtfertigen, daß der Statthalter Christi derart im Luxus lebt? Bloß eines Anstoßes bedarf es nun noch, damit aus dem Zweifel die Empörung auflodert. Diesen Anstoß liefert der Ablaßhandel, wie der Dominikaner Johannes Tetzel ihn predigt, um den römischen Aufwand, den gewaltigen Neubau von St. Peter zu finanzieren.

Der Anschlag der 95 Thesen an der Schloßkirche zu Wittenberg am 31. Oktober 1517 löst ein unerhörtes Echo aus. Die Menschen begreifen die doppelte Stoßrichtung, mit der von diesem Tag an die Reformation sich entfaltet: gegen den Luxus und für die Freiheit eines Christenmenschen unmittelbar zu Gott, ohne die Vermittlung von Papsttum und Priesterkaste. Wie anstößig gerade der Ablaßhandel als Quelle der Prachtentfaltung gewirkt hatte, zeigt die Volkstümlichkeit der Geschichte vom listigen Ritter, der sich zunächst seine Freisprechung von der künftigen Sünde erkauft, um daraufhin die Ablaßkasse zu rauben.

In der Frage der Freiheit bleiben allerdings die Mißverständnisse nicht aus. Luthers Befreiung von Herrschaft und Hierarchie meint die Beziehung des sündigen Menschen zu Gott und zu seiner Gnade, nicht die weltliche Ordnung. Die Folgen ihres Mißverstehens bekommen die Schwarmgeister und Wiedertäufer ebenso zu spüren wie »die räuberischen und mörderischen Rotten« der Bauern. Aber kein Irrtum ist es, keine Verwirrung der Fronten führt an der Tatsache vorbei, daß nunmehr ein epochemachend neues Thema sich stellt: Freiheit statt Luxus.

Dies bestätigen die anderen Reformationsbewegungen, mögen sie von Ulrich Zwingli, von Johann Calvin oder von John Knox ausgehen. Das Grundthema verbindet, selbst wenn die Differenzen im dogmatischen Streit über das Abendmahl und sonstige Fragen sich als unüberwindbar erweisen. Der Bildersturm in den Niederlanden, der die reformierten Kirchen leerfegt, markiert zugleich einen Auftakt des Freiheitskampfes, der hier nun auch zum epochemachend politischen gerät. In England bereitet sich die große puritanische Revolution vor, die sich gegen die Ansätze absolutistischer Königsherrschaft ebenso richtet wie gegen den »Baalsdienst« der alten Kirche und gegen den Luxus.

Als besonders wichtig erweist sich das Verhältnis zur Arbeit, so daß das epochemachend neue Thema sich abwandeln läßt: Leistung statt Luxus. Das Luthertum vertieft die Berufstätigkeit zur inneren Berufung; im gestrengen Calvinismus und im Puritanismus soll es außer dem Gebet und der Arbeit überhaupt nichts mehr geben. Denn Arbeit ist das Gegenteil der Muße, und Muße gilt nicht nur als Bedingung für den Luxus, sondern selbst schon als seine erste und grundlegende Erscheinungsform. Darum heißt es fortan, daß der Müßiggang »aller Laster Anfang« sei; nur wer angestrengt arbeitet, sündigt nicht. Und darum räumt die Reformation mit den Mönchen und den Heiligen auf, darum trifft der Fluch des frommen Puritaners den Müßiggänger in jeder Gestalt: den reichen Lebensgenießer – heute würden wir sagen: den Playboy – wie den Vagabunden und den Bettler, den Feinschmecker, den Don Juan, den Spieler und den Athleten.

Wie revolutionär diese Auffassung ist, wie sehr sie einen Wertewandel, um nicht zu sagen einen Umsturz der Werte markiert, erweist sich im Blick auf die Überlieferung. Seit jeher und seit der Antike sogar philosophisch begründet hatte gegolten, daß nicht die Arbeit, sondern die Kultivierung der Muße zum wahren Menschsein führt. Jetzt kehrt sich das Verhältnis um: Der gemäß der Tradition wahre Mensch wird zum unwahren abgestempelt, während der uneigentliche zum eigentlichen aufrückt. Noch Jahrhunderte später ist es gut protestantisch gesprochen, wenn kurz vor seinem Tode der große Gelehrte Max Planck am Ende eines Vortrags sein ethisches Vermächtnis in die Worte faßt: »Die Arbeit ist das, was unserem Lebensschiff erst den richtigen Tiefgang gibt, und für die Einschätzung des Wertes dieser Arbeit gibt es ein untrügliches Merkmal altehrwürdigen Ursprungs, ein Wort, das für alle Zeiten das letzte maßgebende Urteil ausspricht: An ihren Früchten sollt ihr sie erkennen!«[4] Aber auch Karl Marx und Friedrich Engels erweisen sich als Erben der protestantischen Revolution, wenn sie den Arbeiter zum Hüter des geschichtlichen Heils verklären und die Weltmission zur Befreiung der Menschheit aus den Sklavenketten der Ausbeutung der Arbeiterklasse anvertrauen.

Indem nun die Arbeit positiv bewertet, das Genießen dagegen verpönt wird, entsteht zwangsläufig ein neuer Typus des wirtschaftlichen Verhaltens, bei dem es aufs langfristige Investieren weit mehr ankommt als auf das augenblickliche Konsumieren. Denn die Früchte, an denen man eine Lebensleistung erkennt, sprechen ja nicht für den, dessen Tafel sie schmücken, sondern für den Gärtner, der die Obstbäume gepflanzt hat und pflegt. Um es zugespitzt auszudrücken: Man arbeitet nicht, um zu leben, sondern man lebt, um zu arbeiten. In der traditionellen Auffassung mag sich dies höchst sonderbar oder geradezu pervers ausnehmen, als eine Haltung und ein Handeln wider die Natur. Aber es hat ein Zeitalter geprägt. Es wird hiermit die kapitalistische Entwicklung eingeleitet, die schließlich zur Industriegesellschaft hinführt.

Natürlich spielt stets auch die Luxusproduktion eine Rolle; die höfische Prachtentfaltung, die im »Sonnenkönigtum« Ludwigs XIV. einen Höhepunkt erreicht und von Versailles her als europäisches Modell wirkt, fördert zum Beispiel das Kunsthandwerk nachhaltig.[5] Doch nicht darin liegt das Charakteristische der modernen Entwicklung; derlei hat es in vielen Kulturen gegeben. Das wirklich Neue hat Schumpeter formuliert: »Königin Elisabeth (I.) besaß seidene Strümpfe. Die kapitalistische Leistung besteht nicht typischerweise darin, noch mehr Seidenstrümpfe für Königinnen zu erzeugen, sondern sie in den Bereich der Ladenmädchen zu bringen.«[6] Und die Strümpfe damit, so wäre hinzuzufügen, aus einem Luxus ins Alltägliche zu verwandeln.

Die Bedeutung der protestantischen Ethik für die kapitalistische Entwicklung ist seit den Forschungen Max Webers geläufig und soll hier nicht weiter erörtert werden.[7] Selbstverständlich wußten die Calvinisten und Puritaner nicht, wohin ihr Wertewandel einmal führen würde; schon eine Ahnung davon hätte sie vermutlich entsetzt. Was sie mit ihrem ganzen Ernst wollten, war ein neuer Mensch, und den allerdings galt es bis ins buchstäblich Äußerste, bis in seine Bekleidung hinein kenntlich zu machen.

Von der Reformation her datiert der Siegeszug der Farblosigkeit, jener strengen und dunklen Männerbekleidung, der im bürgerlichen Zeitalter des 19. Jahrhunderts an sein Ziel kommt. Diese Absage an die Farbenfreude stammt nicht von ungefähr, und sie meint nichts Nebensächliches, sondern das Wesentliche. Denn Farbenfreude signalisiert die Neigung zur Sinnlichkeit, zu Luxus und Laster.

Die Frontstellung richtet sich zum einen gegen die alte Kirche, zum anderen und vor allem gegen die höfisch-aristokratische Gesellschaft. Denn für die bleibt Farbigkeit selbstverständlich, auch oder gerade für die Männer. Die Fürsten, Adelsherren, Hofbeamten und Offiziere stolzieren geputzt wie die Pfauen einher, wobei übrigens die Körperformen und Geschlechtsmerkmale stark betont und nicht etwa versteckt werden. Aber die Prüderie gehört ja ohnehin nicht zur höfischen Zivilisation, sondern zur bürgerlichen Gegenkultur, wie das Ethos der Arbeit in seinem Kontrast zu Müßiggang und Luxus. Wie sich in der bürgerlichen Perspektive die höfische Zivilisation moralisch ausnimmt, längst bevor sie politisch verurteilt wird, zeigt 1736 im Zedlerschen Universal-Lexikon der Artikel »Hofmann«:

»Einer, der in einer ansehnlichen Bedienung an eines Fürsten Hof steht. Das Hofleben ist zu allen

Zeiten einesteils wegen der unbeständigen Herrengunst, wegen derer vieler Neider, heimlichen Verleumder und offenbaren Feinde als etwas Gefährliches; andernteils wegen des Müßiggangs, Wollust und Üppigkeit, so zum öfteren daselbst getrieben wird, als etwas Laster-Tadelhaftes beschrieben worden. Es haben aber zu allen Zeiten sich auch Hofleute gefunden, die durch ihre Klugheit die gefährlichen Steine des Anstoßes vermieden, und durch ihre Wachsamkeit den Reizungen des Bösen entgangen, also sich zu würdigen Exempeln glücklicher und tugendhafter Hof-Leute vorgestellt. Gleichwohl wird nicht vergeblich gesagt, daß nahe bei Hofe, sei nahe bei der Hölle.«[8]

Ein verteufeltes Porträt – und eine durch ihre vorsichtigen Einschränkungen kaum noch verhüllte Kampfansage.

Das preußische Modell[9]

In der protestantischen-bürgerlichen Kampfansage an die höfische Zivilisation geht es nicht nur um Stände- oder Klasseninteressen, sondern – eben damit – auch um den Widerstreit der Werte. Denn der barocke Fürstenstaat erhebt die Prachtentfaltung zum politischen System, und das französische Modell des Sonnenkönigtums zieht Europa in seinen Bann. Überall eifern große und kleine Herrscher ihm nach, zum Beispiel August der Starke in Sachsen, der es sich leisten kann, wie auch alle die anderen, die es sich nicht leisten können. Seit dem frühen 18. Jahrhundert entsteht jedoch ein Gegenmodell: das preußische.

Als Friedrich Wilhelm I., den man bald den »Soldatenkönig« nennen wird, im Jahre 1713 den Thron besteigt, erklärt er der Verschwendung den Krieg. Sofort und mit harter Hand fegt er den Luxus, den Prunk oder Plunder einer aufwendigen Hofhaltung beiseite. Überflüssiges wird verkauft, Tafelsilber eingeschmolzen, der Stellenplan von den Zeremonienmeistern bis zu den Kutschern und Kutschpferden erbarmungslos zusammengestrichen. Nichts soll mehr erlaubt sein, nicht einmal das Spiel um Geld; wenn Friedrich Wilhelm naht, muß es hastig versteckt und zum Anschein der Unschuld durch Kaffeebohnen ersetzt werden. Den König selbst bekommt man bald nur noch in der völlig schmucklosen Uniform eines Obersten zu sehen, und wenn er überhaupt Vergnügungen kennt, dann sind es die schlichten eines Bürgers oder die eines Landedelmanns: das Männergespräch beim Bier und die Jagd. Mit Staunen berichtet ein Besucher: »Ich sehe hier einen königlichen Hof, der nichts Glänzendes und nichts Prächtiges als seine Soldaten hat. Es ist also möglich, daß man ein großer König sein kann, ohne die Majestät in dem äußerlichen Pomp und in einem langen Schweif buntfarbiger, mit Gold und Silber beschlagener Kreaturen zu suchen. Hier ist die Hohe Schule der Ordnung und der Haushaltskunst, wo Große und Kleine sich nach dem Exempel ihres Oberhauptes mustern lernen.«

Eine hohe und harte Schule in der Tat: Der Soldatenkönig wird der schlechthin überragende und dauerhaft prägende Erzieher zu einer spezifischen Lebenshaltung, zu jenem kantigen Gefüge von Tugenden, die wir seither als »typisch preußisch« oder – von Preußens Gründung des Nationalstaates her – als »typisch deutsch« einzuordnen gelernt haben: Fleiß und Pflichterfüllung, Leistungsbereitschaft, Ordnungssinn und Sparsamkeit, Disziplin, Präzision und Pünktlichkeit. Im Grunde geht es durchaus nicht um etwas Exotisches, sondern um die klassischen Bürgertugenden der Neuzeit, besonders in ihrer radikal protestantischen, calvinistischen Form. In den Niederlanden hatte Friedrich Wilhelm als Kronprinz aus eigener Anschauung kennengelernt, was diese Tugenden hervorzubringen vermögen: ein wirtschaftlich blühendes, im Vergleich zu dem armen und rückständigen Preußen beinahe unvorstellbar reiches und dazu noch mächtiges Gemeinwesen.

Hier allerdings, in Preußen, ergab sich eine ganz andere Konstellation. Genau ein Jahrhundert vor der Thronbesteigung des Soldatenkönigs, 1613, waren die Hohenzollern zum reformierten Glauben übergetreten, so daß es sich um einen »Calvinismus von oben« über meist lutherischen Untertanen handelte. Dieser ererbte Glaube wurde bei Friedrich Wilhelm durch eine kräftige Beimischung des Pietismus zusätzlich aktiviert. Im übrigen fehlte ein tatkräftiges und selbstbewußtes Bürgertum fast völlig; es war durch den Dreißigjährigen Krieg tief und langfristig ruiniert worden. Daher gab es wohl gar keine andere Möglichkeit, als die moderne Entwicklung von »oben« statt von »unten« voranzutreiben, vom Obrigkeitsstaat her statt durch die Energien einer bürgerlichen Gesellschaft.

Aber welch eine Herkulesarbeit hat der Mann an der Spitze dabei zu erbringen, eine Leistung Tag um Tag, Jahr um Jahr, lebenslang, gegen Unverständnis, Trägheit, Widerstand ringsumher! Der Widerstand beginnt bereits in der eigenen Familie; im Ringen um den Erben, der das Lebenswerk weiterführen soll, spitzt er sich zu einem Kampf fast auf Leben und Tod zu. »Parol' auf dieser Welt ist nichts als Müh' und Arbeit«, schreibt der König an seinen Freund, den Fürsten Leopold von Anhalt-Dessau.

Ein wahrhaft preußisches Motto. Oder mehr noch: ein Ideal, ein Lebensprinzip. Unermüdlich rackert Friedrich Wilhelm sich ab, es durchzusetzen, bis ins Kleine und Unscheinbare, in das Detail, in dem der Teufel der Muße steckt. Vorschriften über Vorschriften werden erlassen; Marktfrauen zum Beispiel, wenn sie nicht gerade verkaufen, sollen keinesfalls schwatzen, sondern sich durchs Strümpfestricken nützlich machen. Nichts versetzt den fürsorglichen Landesvater so sehr in Zorn wie der Anblick von Müßiggängern; wo er sie trifft, schlägt er mit dem Stock auf sie ein. Im übrigen muß man auf den Pfennig sehen; um der Verschwendung auf die Spur zu kommen und zu steuern, wird schon im Jahre 1714 als Prüfungsinstanz die General-Rechen-Kammer gegründet, von der aus ein gerader Weg bis zum Bundesrechnungshof unserer Tage führt.

Aufs Kleine und Unscheinbare kommt es an, weil von ihm her das Große und Ganze sich aufbaut. Wie der Sohn und glanzvolle Vollender des preußischen Prinzips einmal sagt: »Nur durch emsigste Arbeit, beständige Aufmerksamkeit und viele kleine Einzelheiten kommen bei uns die großen Dinge zustande.« Würde es anders, beim Herrscher angefangen, »so ginge alles zugrunde«. Was im übrigen der große und skeptische Friedrich exemplarisch sichtbar macht, ist die Ablösbarkeit des Prinzips von seinen Wurzeln im

Glauben, seine innerweltliche Verselbständigung; mit vollem Recht hat man die Pflichterfüllung und den Dienst am Staat einen Religionsersatz genannt.[10]

Denn, in der Tat: Ganze Generationen sind später emsig gewesen, um daraus ein preußisches Heiligtum, eine deutsche Kathedrale aufzurichten, und stets haben sie auf Friedrich als das leuchtende Vorbild verwiesen, der Preußen zur Großmacht emporkämpfte. Gerade an Friedrichs Schicksal wird indessen der Preis sichtbar, den das preußische Modell erfordert: der Verzicht auf persönliche Lebenserfüllung. Um so hart und klar zu formulieren, wie Preußen und seine großen Könige es verdienen: Die Kathedrale der Pflichterfüllung türmt sich auf einer Schädelstätte des Glücks. Im übrigen ist es des Nachdenkens wert, daß noch zu Friedrichs Lebzeiten, 1776, die amerikanische Unabhängigkeitserklärung die Alternative proklamiert, die Epoche macht: Leben, Freiheit und das Streben nach Glück als die dem Menschen eingeborenen und unveräußerlichen Grundrechte, an denen jede politische Ordnung fortan gemessen werden soll.

Die Bedeutung des preußischen Modells für die neuere deutsche Geschichte und für ein Abweichen von westlichen Entwicklungen wird man kaum hoch genug veranschlagen können. Wenn in Deutschland die Revolution nie eine Chance bekommt, dann ist dies nicht nur auf die Schwäche des Bürgertums zurückzuführen, sondern ebenso auf die Stärke und nicht zuletzt auf die Qualität der staatstragenden Schichten. In Frankreich wird der Adel mehr und mehr in das Drohnendasein der höfischen Zivilisation abgedrängt, das seine fortdauernden Privilegien als um so anstößiger erscheinen läßt. In Preußen dagegen wird er zur Leistungsbereitschaft im Dienst des Staates erzogen, und im Beamtentum wird er mit Kräften aus dem Bürgertum zusammengeführt, die durch Bildung und Leistung aufsteigen. Hegel schmäht in seiner Rechts- und Staatsphilosophie niemanden, sondern schildert die preußische Realität, wenn er sagt: »Die Mitglieder der Regierung und die Staatsbeamten machen den Hauptteil des Mittelstandes aus, in welchen die gebildete Intelligenz und das rechtliche Bewußtsein der Masse eines Volkes fällt.«[11] Dabei sind die Leistungen, auf die es ankommt, keineswegs nur militärischer Art. Es geht ebenso um die zivile Verwaltung, um den Rechtsstaat und um die Bildung. Indem diese zum Hebel des bürgerlichen Aufstiegs wird, gewinnt sie einen Rang wie sonst vielleicht nur noch im China der Mandarine. Und aus der Bedeutung der Bildung wächst für mehr als ein Jahrhundert die Weltgeltung deutscher Gelehrsamkeit.

Das Sonderbare und in westlicher Perspektive zunehmend Anstößige, das den deutschen »Sonderweg« von seinem preußischen Ausgangspunkt her bestimmt, besteht jedoch darin, daß zwar der protestantisch-bürgerliche Wertewandel durchgesetzt wird: Leistung statt Luxus. Aber der damit verbundene Glücksverzicht wird von seiner Verheißung, von der Utopie der Freiheit abgekoppelt; im Idealismus der Pflichterfüllung gerät das Mittel zum Selbstzweck. Schließlich, beim Ausbruch des Ersten Weltkriegs, wird dieser preußisch-deutsche Sonderweg ausdrücklich und vielstimmig proklamiert; es entsteht, aufs Prinzipielle gerichtet, um das es sich tatsächlich handelt, die Gegensatzkonstruktion von »deutschem Geist« und »Westeuropa«. In den Worten des Historikers Georg von Below: »Die Erlebnisse des Weltkrieges haben den Zusammenbruch der Ideale der Französischen Revolution dargetan. Die Ideen der Freiheit, Gleichheit, Brüderlichkeit sind durch die deutschen Ideen von 1914, Pflicht, Ordnung, Gerechtigkeit, überwunden.«[12]

Freiheit und Gleichheit: Die Revolution

Im Jahre 1741 fährt ein junger Mann nach Paris: Jean-Jacques Rousseau. Er kommt ins Zentrum der höfischen Gesellschaft und der Salonkultur, der Literaten und Künstler, der Aufklärung, des Raffinements der Lebensführung und des Lebensgenusses, des geistreichen Gesprächs, freilich auch: der Skandale, des hinter der Zivilisationsfassade unerbittlichen Kampfes um Gunst und um Ruhm, um Reichtum und Macht. Der Luxus hat hier in jenem Sinne seine Zitadelle, in dem Talleyrand später gesagt hat, daß nicht wisse, was leben heißt, wer nicht vor 1789 gelebt habe.

Ein junger Mann kann in diesem Paris sein Glück machen, wenn er nur durch körperliche und geistige Vorzüge zu glänzen weiß. Rousseau scheitert. Zwar findet er Zugang zu Künstlern, Schriftstellern, Gelehrten, auch zu hochgestellten Gönnern und Gönnerinnen. Aber von seiner Erfindung einer neuen Notenschrift wollen die Fachleute nichts wissen, seine Komödie wollen die Bühnen nicht spielen, seine Opernversuche haben wenig Erfolg. Eine diplomatische Karriere fällt mißlichen Umständen zum Opfer. In den Salons bleibt der Genfer Uhrmacherssohn linkisch; es fehlt ihm an Geistesgegenwart und Witz.

Doch gerade sein Scheitern wird Rousseau zur Entdeckung, zur Tugend und zur Theorie: Die Luxusgesellschaft ist durch und durch verdorben, widernatürlich; ihr stellt er Bilder der Schlichtheit, der Moralität, der Natürlichkeit entgegen. Eben damit wirkt er für die Angeklagten als Sensation und steigt zu europäischem Ruhm auf. Der Schlachtruf »Zurück zur Natur!« ist allerdings in seinen Schriften nirgends zu finden. Aber genau in diesem Sinne wird er verstanden – oder bewußt mißverstanden. Wie der Spötter Voltaire dem Autor schreibt: »Nie hat man so viel Geist darauf verwandt, uns wieder zu Eseln zu machen. Man bekommt Lust darauf, auf vier Füßen zu gehen, wenn man Ihr Werk liest. Da ich jedoch seit sechzig Jahren aus der Übung gekommen bin, fühle ich leider, daß es mir unmöglich ist, sie wieder aufzunehmen. Ich überlasse diese natürliche Gangart denen, die ihrer würdiger sind.« Und: »Sie müßten hierher kommen ... und die Freiheit genießen, mit mir die Milch unserer Kühe zu trinken und auf unserer Weide zu grasen.«[13]

Der Spott bleibt ohnmächtig. Als Rousseau 1778 stirbt, wird sein Grab zum Wallfahrtsort des vorrevolutionären Europa, bis die Revolution selbst seine Gebeine ins Pantheon überführt und man Auszüge aus seinen Schriften in den Straßen von Paris verlesen läßt. Wie denn nicht? »Der Mensch ist frei geboren, und überall liegt er in Ketten.« Mit diesem Satz beginnt, nach kurzer Vorrede, der »Contrat Social«.[14] An anderer markanter Stelle, am Beginn des zweiten Teils der »Abhandlung über den Ursprung der Ungleichheit unter den Menschen«, heißt es: »Der erste, der ein Stück Land eingezäunt hatte und frech behauptete:

›Das ist mein!‹ – und Leute fand, einfältig genug, ihm zu glauben, wurde zum wahren Begründer der bürgerlichen Gesellschaft. Wie viele Verbrechen, Kriege, Morde, Leiden und Schrecken würde der dem Menschengeschlecht erspart haben, der die Pfähle herausgerissen oder den Graben zugeschüttet und seinesgleichen zugerufen hätte: ›Hört nicht auf den Betrüger. Ihr seid verloren, wenn ihr vergeßt, daß die Früchte allen gehören und die Erde keinem!‹«[15]

Solche Sätze klingen wie Fanfaren, als Rufe zur Revolution. Ein Mißverständnis wiederum, denn in der modernen Zivilisation hält Rousseau das Ursprüngliche des Menschen, seine Unschuld und Natürlichkeit, für unwiderruflich verloren. Doch die Jünger schieben alle Bedenken ihres Lehrmeisters leichthin beiseite: Wenn man mit der herrschenden Unnatur nur gründlich genug aufräumt, wird man die verlorene Natürlichkeit wiederherstellen können. Es sind vor allem drei miteinander verwobene Themen, die wie ein Zauberbann wirken.

Erstens geht es um den Kampf gegen den Luxus. Schneidend wird seine Verteidigung widerlegt, die Behauptung, daß er sogar für die Armen seine guten Seiten habe, weil er ihnen Arbeit oder Almosen schaffe: »Der Luxus ... vollendet bald das Übel, das die Gesellschaft begonnen hat. Unter dem Vorwand, man wolle den Armen zu leben geben, welche Armen man nicht erst hätte schaffen sollen, läßt der Luxus alle übrigen verelenden.«[16] Luxus braucht die Not, weil er nur vor ihrem Hintergrund kenntlich wird; also setzt die Abschaffung des Elends voraus, daß der Luxus abgeschafft wird.

Zweitens geht es um Freiheit – nicht beschränkt und

in Abstufungen, sondern um Freiheit schlechthin. »Es ist eine Form der Vergesellschaftung zu finden, die mit der gesamten gemeinsamen Kraft die Person und die Habe jedes Teilhabers verteidigt und beschützt. In ihr soll sich jeder mit allen vereinigen und dennoch nur sich selbst gehorchen und ebenso frei bleiben wie zuvor.«[17] Dies führt zum Entwurf einer radikalen Demokratie, nicht der repräsentativen mit Parlament, Parteien und unabhängigen Abgeordneten. Denn damit entsteht schon wieder Fremdherrschaft: »Das englische Volk glaubt frei zu sein; es täuscht sich gar sehr. Es ist nur während der Wahl der Parlamentsmitglieder frei; sobald sie gewählt sind, ist es Sklave, ist es nichts.«[18] Wirkliche Freiheit gibt es nur, wenn die volonté générale herrscht, der Gemeinwille, in den jeder einstimmen kann, ja einstimmen muß, weil er dem wohlverstandenen Einzelwillen entspricht.

Daraus folgt, drittens, daß Freiheit die Gleichheit voraussetzt: Ungleichheit schafft Sonderinteressen, die den Gemeinwillen zerstören. Im Grunde muß ein freies Gemeinwesen aus einer Gesellschaft von selbständigen Kleinbürgern bestehen, denn keiner darf »wohlhabend genug sein, um einen anderen bestechen zu können, und keiner so arm, um gezwungen zu sein, sich zu verkaufen«. Oder wie es dazu in einer Anmerkung heißt: »Wollt ihr also dem Staat Beständigkeit verleihen? Nähert die äußersten Rangunterschiede einander so weit wie möglich an. Duldet weder schwerreiche Leute noch Bettler. Aus den einen gehen die Helfershelfer der Tyrannen hervor, aus den anderen die Tyrannen. Der Ausverkauf der öffentlichen Freiheit spielt sich immer unter diesen ab: der eine kauft, der andere verkauft.«[19]

Rousseau und der Rousseauismus, der Literat, seine sei es ungewollte Wirkung – und damit seine Verantwortung! Was aus der Zauberkraft der Begriffe folgt, die einer Epoche die Stichworte liefern, hat Heinrich Heine beschrieben:

»Der Gedanke will Tat, das Wort will Fleisch werden. Und wunderbar! der Mensch, wie der Gott der Bibel, braucht nur seinen Gedanken auszusprechen, und es gestaltet sich die Welt, es wird Licht oder es wird Finsternis, die Wasser sondern sich von dem Festland, oder gar wilde Bestien kommen zum Vorschein. Die Welt ist die Signatur des Wortes. – Dies merkt euch, ihr stolzen Männer der Tat. Ihr seid nichts als unbewußte Handlanger der Gedankenmänner, die oft in demütigster Stille euch all eu'r Tun aufs bestimmteste vorgezeichnet haben. Maximilian Robespierre war nichts als die Hand von Jean-Jacques Rousseau, die blutige Hand, die aus dem Schoße der Zeit den Leib hervorzog, dessen Seele Rousseau geschaffen. Die unstete Angst, die dem Jean-Jacques das Leben verkümmerte, rührte sie vielleicht daher, daß er schon im Geiste ahnte, welch eines Geburtshelfers seine Gedanken bedurften, um leiblich zur Welt zu kommen?«[20]

Der Geburtshelfer Robespierre war indessen selbst ein wortmächtiger Mann. In glühenden Kontrasten hat er das Programm seiner Revolution ausgemalt, die Tugend und die Natürlichkeit im Weltenkampf wider den Luxus in jeder Gestalt: »Wir wollen in unserem Lande den Egoismus durch die Moral ersetzen, die Ehre durch die Rechtschaffenheit, die Gewohnheiten durch die Prinzipien, die Schicklichkeit durch die Pflicht, den Zwang der Tradition durch die Herrschaft der Vernunft, die Geringschätzung des Unglücks durch die Geringschätzung des Lasters, die Frechheit durch das Selbstgefühl, die Eitelkeit durch die Seelengröße, den Geldhunger durch die edle Ruhmsucht, die sogenannte gute Gesellschaft durch gute Menschen, die Ränkesucht durch die Verdienstlichkeit, den Schöngeist durch die Genialität, den falschen Glanz durch Wahrheit, die Langweiligkeit der Wollust durch den Zauber des wahren Glücks, die Kleinheit der großen Leute durch die Größe des Menschen, ein artiges, leichtfertiges, klägliches Volk durch ein großmütiges, glückliches Volk ... Mit einem Wort, wir wollen den Willen der Natur erfüllen, die Bestimmung des Menschen Wirklichkeit werden lassen, die Versprechungen der Philosophie einlösen, die Vorsehung von der langen Herrschaft des Verbrechens und der Tyrannei freisprechen.«[21]

Freilich: Wo es um das absolut Gute oder Böse, ums Heil und Unheil schlechthin geht, da stellt – im Panzer eines undurchdringlich guten Gewissens – der Monopolbesitz der Tugend eine Blankovollmacht zum Handeln aus. Da scheiden sich guillotinescharf Freund und Feind, die Kinder des Lichts und die Kinder der Finsternis. Darum nistet im Fanatismus des Guten stets schon der Schrecken, und aus dem Kampf für die Tugend wächst der Terror. Er ist »nichts anderes als das schlagfertige, unerbittliche, unbeugsame Recht, er ist somit eine Emanation der Tugend; er ist weniger ein besonderes Prinzip als ein Produkt des allgemeinen Prinzips der Demokratie, das auf die besonderen Angelegenheiten des Vaterlandes angewendet wird.«[22]

Eine andere, sanftere Spielart des Rousseauismus findet man in Amerika, besonders bei dem Verfasser der Unabhängigkeitserklärung und dritten Präsidenten der Vereinigten Staaten, Thomas Jefferson. Auf jungfräulichem Boden glaubt er an eine Chance für den neuen Menschen, und ganz im Sinne Rousseaus soll Amerika ein Land der kleinen Leute, der selbständigen Handwerker, Kaufleute und vor allem der Farmer sein und bleiben. In immer neuen Wendungen versucht Jefferson seinen Landsleuten diesen amerikanischen Traum einzuprägen: »Ich glaube, daß wir tugendhaft bleiben werden, solange die Landwirtschaft unsere Haupttätigkeit bildet, und das wird der Fall sein, solange es in Amerika noch irgendwo freies Land gibt. Wenn wir aber erst, wie die Europäer, in großen Städten aufeinandersitzen, dann werden wir auch korrupt wie sie, und genau wie sie werden wir dazu übergehen, uns gegenseitig aufzufressen.«[23] Die europäische und besonders die höfische Zivilisation mit ihrem Kontrast von Luxus und Elend geißelt Jefferson als Inbegriff des Verfalls; die Fürsten und Könige erscheinen ihm – mit Ausnahme Friedrichs des Großen – wie degenerierte Tiere. Um im übrigen die von seinem großen Gegner Alexander Hamilton propagierte kapitalistische Entwicklung abzuwehren, schlägt er eine Arbeitsteilung der Kontinente vor: Amerika liefert Rohstoffe und landwirtschaftliche Erzeugnisse, Europa die Industrieprodukte.

Rousseau hätte gewiß eingewandt, daß die Arbeitsteilung den Verfall schon ankündigt, weil sie unterschiedliche Interessen entstehen läßt. Und wie überhaupt soll man den alten Adam austreiben, wie einen neuen Menschen schaffen mit Sklavenhaltern – zu denen übrigens Jefferson selbst gehört? Überall und unerbittlich zerrinnt der Traum, gleich, ob in seiner sanften oder terroristischen Gestalt; am Ende bleibt die Frage, ob mit dem Menschsein nicht untilgbar die Sünde in der Welt ist, wie das Christentum lehrt, so daß aus menschlichem Vermögen allein das Heil nirgendwo und niemals erreicht werden kann.

Und doch und zugleich bleibt das Prinzip Hoffnung, die Utopie der Freiheit und Gleichheit. Im Rückblick auf die Epochenwende von 1789 hat noch der gereifte, als konservativer Staatsphilosoph geltende Hegel gesagt: »Solange die Sonne am Firmamente steht und die Planeten um sie herumkreisen, war das nicht gesehen worden, daß der Mensch sich auf den Kopf, das ist, auf den Gedanken stellt und die Wirklichkeit nach diesem erbaut ... Es war dieses somit ein herrlicher Sonnenaufgang. Alle denkenden Wesen haben diese Epoche mitgefeiert. Eine erhabene Rührung hat in jener Zeit geherrscht, ein Enthusiasmus des Geistes hat die Welt durchschauert, als sei es zur wirklichen Versöhnung des Göttlichen mit der Welt nun erst gekommen.«[24]

Eine Welt ohne Luxus? Utopien und Widersprüche

Die Träume vom Ende der Arbeit

Luxus ist Laster – und Müßiggang der Laster Anfang: Die Übereinstimmung, mit der Puritaner und Pietisten, Preußenkönige und amerikanische Gründerväter, die Wegbereiter und die Scharfrichter der bürgerlichen Revolution sich zu diesem Urteil bekennen, zeigt einen Grundzug im Denken und Handeln der Neuzeit. Im positiven Urteil reicht die Übereinstimmung wahrscheinlich noch weiter. Kapitalisten und Sozialisten streiten nur deshalb so erbittert über die Organisation der Arbeit, weil sie deren Hochschätzung teilen und miteinander an ihre zentrale Bedeutung glauben.

Gleichwohl gehört zum modernen Begriff der Arbeit ein heimlicher oder unheimlicher, in jedem Falle ein sehr seltsamer Zwiespalt. Denn um den Sachverhalt so widersprüchlich zu formulieren, wie er sich darstellt: Die Utopien der Neuzeit träumen davon, daß die Arbeit durch Arbeit abgeschafft oder doch entscheidend zurückgedrängt werden kann. Als im Jahre 1516 Thomas Morus den Staatsroman veröffentlicht, der einer literarischen Gattung den Namen gegeben hat, kommen die Bewohner seines »Utopia« schon mit einer täglichen Arbeitszeit von sechs Stunden aus.[25] Dabei sind ihnen die modernen Hilfsmittel, die mechanischen, automatischen und elektronischen Heinzelmännchen des 20. Jahrhunderts noch unbekannt, sofern man von der eher kuriosen als bedeutsamen Ausnahme einer Kükenbrutmaschine einmal absieht. In unserer Zeit, in der Utopie Robert Havemanns, ist dann jener Typus von Arbeit, den Mark Twain mit dem »Tütenkleben« kennzeichnete, dank Wissenschaft und Technik praktisch verschwunden.[26]

Warum auch nicht? Bereits im 19. Jahrhundert hat Paul Lafargue in seinem »Lob der Faulheit« den Drei-Stunden-Tag für ausreichend erklärt, während Lafargues Schwiegervater Karl Marx sich mit solchen Rechnungen gar nicht erst aufhält. Er behauptet, »daß in allen bisherigen Revolutionen die Art der Tätigkeit stets unangetastet blieb und es sich nur um eine andere Distribution dieser Tätigkeit, um eine neue Verteilung der Arbeit an andere Personen handelte, während die kommunistische Revolution sich gegen die bisherige Art der Tätigkeit richtet und die Arbeit beseitigt«.[27]

Hiermit ist natürlich die »entfremdete« Arbeit gemeint, deren Zwangscharakter durch die private Verfügungsgewalt begründet und durch die Arbeitsteilung gekennzeichnet wird, »während in der kommunistischen Gesellschaft, wo jeder nicht einen ausschließlichen Kreis der Tätigkeit hat, sondern sich in jedem beliebigen Zweige ausbilden kann, die Gesellschaft die allgemeine Produktion regelt und mir eben dadurch möglich macht, heute dies, morgen jenes zu tun, morgens zu jagen, nachmittags zu fischen, abends Viehzucht zu treiben, auch das Essen zu kritisieren, ohne je Jäger, Fischer oder Hirt oder Kritiker zu werden, wie ich gerade Lust habe«.[28]

Wie es sich beinahe von selbst versteht, gehört zu jeder Utopie von der Zurückdrängung oder Abschaffung der Arbeit als erstes, daß die Produktion aufs Natürliche und Notwendige beschränkt wird. Es soll nichts »Künstliches«, keinen Luxus mehr geben; die

Insel der Seligen schmückt sich mit strengen Geboten – und womöglich noch mehr mit Verbotstafeln. Um jedoch die Bedürfnisse entsprechend zu lenken und stillzulegen, bedarf es, zweitens, einer Neuorganisation der Gesellschaft im Sinne der Gleichheit. Thomas Hobbes hat gesagt: »Wie mit dem Ruhm ist es mit der Ehre; wenn alle Menschen sie haben, so hat keiner sie, da ihr Wesen im Vergleichen und im Vorzug vor anderen liegt.«[29] Das läßt sich als Formel offenbar umkehren und, so scheint es, auf den Luxus anwenden: Wenn niemand ihn hat, braucht ihn keiner mehr, weil in einer Gesellschaft der Gleichen jeder Vorzug vor anderen entfällt.

Aber wie eigentlich läßt sich die Paradoxie der Neuzeit erklären, daß einerseits die Arbeit so entschieden aufgewertet wird, während man andererseits und zugleich von ihrer Abschaffung träumt? Oder, in der Gegenrichtung gefragt: Wie kann man Arbeit ins Zentrum rücken als das, was dem Leben erst »Tiefgang« und Erfüllung verschafft, wenn das geheime Endziel dennoch die Muße bleibt? Es sind wahrscheinlich verschiedene Faktoren, die hier eine Rolle spielen.

Zunächst einmal geht es um die schlichte Tatsache, daß der alte Adam sich so leicht nicht verabschieden läßt, wie religiöse oder weltliche Vorstellungen vom Paradies glauben machen. Verdrängte Bedürfnisse brechen bald um so mächtiger wieder hervor. Zum Beispiel leben nach dem Ende der puritanischen Herrschaft in der Restauration von 1660 in England Feste, Spiele und Wettkämpfe geradezu demonstrativ wieder auf; ausgerechnet hier beginnt der Siegeszug des modernen Sports, eng und unlösbar verbunden mit der

Wettleidenschaft.[30] Ähnlich explodiert die Lebensfreude nach dem Ende von Robespierres Tugendrepublik in Frankreich.

Zweitens haben die Utopien gewiß darin recht, daß die Bedürfnisse sich nicht ändern können, wenn die Gesellschaft bleibt, wie sie ist. Solange die Muße ein Luxus, ein Privileg der wenigen bleibt, gelten ihr Neid und Bewunderung. Im übrigen muß man wohl nicht erst auf Sigmund Freud warten, um etwas vom abgründigen Zwiespalt, von der Ambivalenz menschlicher Gefühle und Leidenschaften zu wissen: Aristokratische Traditionen und die höfische Zivilisation setzen auch oder gerade dann noch Maßstäbe, wenn die Entrüstung sie geißelt.

Schließlich, aber nicht zuletzt dürfte jene Doppelbödigkeit der Zeitperspektiven wichtig sein, die man mit dem Begriff des »deferred gratification pattern«, der hinausgeschobenen Bedürfnisbefriedigung beschrieben hat: Die Gegenwart ist eines, die Zukunft ein anderes; heute muß man mit aller Kraft arbeiten, damit dereinst die Kinder oder wenigstens die Enkel es besser haben. So gewinnt die eigene Orientierung zur Leistung und Pflichterfüllung eine zusätzliche, »idealistische« Dimension, gleich, ob sie sich auf die eigenen Nachkommen oder – wie im preußischen Modell – auf den Staat und später auf die »Gemeinschaft« bezieht. Und so wird der Widerspruch zwischen dem öffentlich gepriesenen, aber auch tief verinnerlichten Arbeitsethos und jener vielleicht noch tieferen, jedoch verheimlichten und verdrängten Sehnsucht nach einem anderen Leben in Muße und Überfluß wenn schon nicht getilgt, dann doch überdeckt.[31]

Wenn die Idee des Fortschritts von der Verheißung der Freiheit und damit von der Abschaffung des Zwangscharakters der Arbeit durch Arbeit getragen wird, dann gehört zur Geschichte der Neuzeit erst einmal der weitere und schneidende Widerspruch: Nie waren die Sklavenketten des »Tütenklebens« so fest geschmiedet, nie hat sich die Monotonie der Arbeit und niemals die geforderte Zeit so hoffnungslos gedehnt wie in den frühen und mittleren Phasen der industriellen Revolution.

Gewiß steht auch die vormoderne Gesellschaft unter dem biblischen Fluch, daß der Mensch sich im Schweiße seines Angesichts das Brot schaffen muß, unter Dornen und Disteln; harte Arbeit und karger Lohn bestimmen das Leben. Aber in einer Ordnung, in der die weit überwiegende Mehrheit der Bevölkerung auf dem Lande und von der Landwirtschaft lebt, kommt der Mensch im Wechsel der Jahreszeiten mit der Natur zur Ruhe. Ähnliches gilt zumindest für Teile des Handwerks und des Handels, für den Verkehr zu Lande und zur See. Sogar der Krieg kennt einen winterlichen Stillstand. Außerdem gibt es in den Städten wie auf dem Lande eine Vielzahl von Feiertagen und Festen, die die Arbeit ebenso begrenzen, wie ein Rhythmus der Gemächlichkeit dies tut.

Die industrielle Organisation und der kapitalistische Wettbewerb sprengen alle Grenzen. Man steigert das Tempo der Arbeit, soweit es überhaupt möglich ist; man arbeitet in den 52 Wochen des Jahres 70 bis 80 und oft noch mehr Stunden pro Woche, 12 oder 14 Stunden pro Tag – und dies von Kindesbeinen an bis ins Alter, sobald und solange man nur kann. Der Sonntag bleibt nicht verschont[32], Urlaub ist unbekannt, und ein »Rentier« ist nicht der Rentner im heutigen Sinne, keine generelle, sondern eine sehr spezielle Figur: der »Kouponschneider«, der die Erträge seiner Wertpapiere verzehrt. Mehr denn je erweist sich daher im 19. Jahrhundert die Muße als ein Luxus, als das Privileg der wenigen, und folgerichtig zeichnet noch am Ende des Jahrhunderts der amerikanische Ökonom und Soziologe Thorstein Veblen sein Bild der Oberschicht als »Theory of the leisure class«, als Mußeklasse. In gut puritanischer Tradition wettert er über die Vergeudung als Statussymbol, über das kostspielige, immer neue und stets gleiche Spiel der Jagden und Feste, mit Pferden und Frauen.[33]

Inzwischen, in knapp einem Jahrhundert, hat sich das Bild grundlegend verändert. Trotz allen Wehe-Geschreis der Unternehmer, das zu hören ist, seit von Begrenzungen der Arbeitszeit überhaupt geredet wird, sind wir unterwegs von der 40- zur 35-Stunden-Woche. Hinzu kommt der bezahlte Jahresurlaub von fünf oder sechs Wochen. Eine Statistik sagt, daß von den 5840 »wachen« Stunden des Jahres – also ohne die Zeit fürs Schlafen – im Jahre 1850 3920 Stunden mit Arbeit verbracht wurden, während 1920 Stunden für alles übrige ausreichen mußten. Im Jahre 1983 hatte sich dieses Verhältnis umgekehrt; auf 1769 Arbeitsstunden kamen 4071 »befreite« Stunden, und inzwischen nähern wir uns einem Richtmaß von 1700 zu 4140. Bezieht man noch die durchschnittliche Lebens-Arbeitszeit ein, die teils durch eine Verlängerung der Ausbildung, teils durch die Einführung und dann durch die Vorverlegung des Rentenalters um Jahre geschrumpft ist, dann ergibt sich bei einem gleichzeitigen Anstieg der Lebenserwartung, daß der Zeitanteil der Arbeit an der menschlichen Existenz auf weniger als ein Drittel dessen zurückgegangen ist, was er im vorigen Jahrhundert einmal ausmachte.

Zu diesem Ergebnis haben viele Faktoren beigetragen: Wissenschaft und Technik, der Produktivitätsfortschritt der Industrie wie die Rationalisierung des Handels und sonstiger Dienstleistungen unter dem ehernen Zwang der Konkurrenz, ein Jahrhundertkampf der Gewerkschaften, der Ausbau des Sozialstaates. Dabei ist die Entwicklung noch längst nicht an ihrem Ende angelangt. Nach allem, was sich absehen läßt, wird sie sich fortsetzen, womöglich sogar beschleunigen. Wahrlich: Das Himmelreich der Utopie von der Abschaffung der Arbeit im Sinne des »Tütenklebens« scheint nahe herbeigekommen, obschon ein wenig anders, als die Utopisten es erwarteten.

Das Unerwartete ist, daß die Paradoxien des Fortschritts so schneidend sichtbar werden. Immer mehr läßt sich mit immer weniger Arbeit herstellen.[34] Unversehens gerät oder mißrät die Arbeit damit zu einem grundsätzlich knappen – und entsprechend zu einem höchst kostbaren Gut. Wenn sich die gesellschaftliche Hierarchie einst dadurch kennzeichnen ließ, daß »oben« die Muße und darunter die Überfülle der Arbeit zu Hause war, dann kehrt sich dieses Verhältnis jetzt um: »Oben« stehen diejenigen, die mit wohlgefälligem Unterton die Überfülle ihrer Aufgaben und Ämter, ihren Mangel an Zeit, die Last ihrer 70- oder 80-Stunden-Woche beklagen; wenn es überhaupt ein gemeinsames Merkmal moderner »Eliten« gibt, dann ist es ihre Gehetztheit im – selbstgewollten – Unmaß der Verpflichtungen, das die eigene Bedeutsamkeit und Unentbehrlichkeit demonstriert. Dies gilt für Manager und Minister, für Groß-Professoren und Groß-Künstler gleichermaßen. Wehe dem, dem noch oder schon wieder Muße zuwächst! Er muß sich sagen, daß er nicht mehr »gefragt«, nicht wirklich wichtig ist.

In der breiten Mitte der sozialen Pyramide befindet sich, mit einigen Untergliederungen, die Masse der Arbeitnehmer mit ihrer begrenzten und allmählich schrumpfenden Arbeitszeit, die den Kern der inzwischen vielzitierten »Zwei-Drittel-Gesellschaft« ausmacht. »Unten« dagegen ist in unseren Tagen dort, wo das Unmaß der Frei-Zeit zum Fluch und zur Plage wird: bei den wachsenden Heeren der rüstigen Frührentner und der Arbeitslosen. Wenn man will, wie man muß, kann man von einem bitteren Klassenkampf in einer neuen Art von Klassengesellschaft sprechen. Sie zieht ihre Grenze nicht mehr, wie Marx sie meinte, zwischen Bourgeoisie und Proletariat als den Besitzern und Nichtbesitzern von Produktionsmitteln, sondern zwischen den Besitzern und den Nichtbesitzern von Arbeit.

Wertewandel und Wertevielfalt

»Die Arbeit ist das, was unserem Lebensschiff erst den richtigen Tiefgang gibt«: Sofern dieser testamentarische Satz eines großen Gelehrten allgemeine Gültigkeit beansprucht, signalisiert er für die Gegenwart und die Zukunft eher Melancholie als Hoffnung, jedenfalls wachsende Probleme. Selbst wenn man – fragwürdig genug – unterstellt, daß die millionenfache Arbeitslosigkeit keine Dauererscheinung ist und absehbar wieder der Vollbeschäftigung weichen wird, dann sagt der Satz doch den Rentnern und Pensionären, die bald ein Drittel der westdeutschen Bevölkerung ausmachen werden, daß sie ohne rechten Sinn in seichten Gewässern dahintreiben. Im Grunde gilt das sogar für die Masse der Werktätigen. Denn während die Berufsarbeit nur noch den kleineren und immer mehr schwindenden Teil ihrer Zeit beansprucht, erscheint alles übrige als bloß negativ bestimmt, vom Richtmaß des Berufes her als ein Leerraum der Nicht-Arbeit. Gleich, ob Betriebsamkeit oder Langeweile unsere Freizeit füllt, sie bleibt für die Frage nach dem Gehalt, Gewicht oder gar Sinn unserer Existenz ein Sperrbezirk des Uneigentlichen und Nichtigen.

Nun wird ja seit Jahren schon ein »Wertewandel« angekündigt und je nach dem Standpunkt mit Erschrecken oder Genugtuung registriert, eine Änderung der Einstellungen, die von der protestantisch-bürgerlichen oder preußisch-deutschen Konzentration auf Arbeit und Leistung fortführen und zum Lebensgenuß hinüberleiten soll. Ohnehin gehört es zu den Paradoxien einer »spät«- oder »post«-industriellen Gesellschaft, daß im Interesse der Produktion und der Konjunktur, also zur Sicherung der Nachfrage nach Arbeit, das Kaufen und Konsumieren zur neuen Gewissenspflicht aufrückt. Wovon denn sonst redet unaufhörlich die Werbung, wenn nicht von diesem kategorischen Imperativ, was verspricht sie anderes als den Genuß ohne Reue, das Glück des Dabeiseins beim Verbrauchen – und das Unglück der Enthaltsamkeit? Nur wer sich jeden Luxus gönnt, sündigt nicht: So ließe sie die altpuritanische Parole zeitgemäß in ihr Gegenteil verkehren.

Daß tatsächlich ein Wertewandel stattfindet, sagen nicht nur die Meinungsforscher, die dem Zeitgeist nachspüren, so wie er sich in Einstellungen der Bevölkerung offenbart. Man kann sich den Sachverhalt auch direkt vor Augen führen: Den protestantisch-bürgerlichen Dunkelmännern entgleitet die Herrschaft; der neuzeitliche Siegeszug der Farblosigkeit scheint gestoppt und beginnt sich in sein Gegenteil zu verkehren. Man betrachte zum Beispiel die Autos: Noch vor einem Vierteljahrhundert sah es auf Straßen und Parkplätzen ziemlich eintönig aus. Wenn man doch einmal ein leuchtend gelbes oder rotes Fahrzeug sah, konnte man fast sicher sein, daß es der Post oder der Feuerwehr gehörte. Dies hat sich gründlich geändert. Im übrigen scheint es ein West-Ost-Gefälle zu geben, das zugleich einen zeitlichen Abstand, einen Verzug im Wertewandel vermuten läßt. Denn in Kalifornien sind die Autos noch viel bunter als bei uns, oft phantastisch bemalt als rollende Kunstwerke der Pop-Art. Im Osten dagegen, in der DDR, in Polen oder in der Sowjetunion, herrscht nach wie vor eine Farblosigkeit, wie hierzulande in den fünfziger Jahren.

Einmal auf der Fährte, entdecken wir überall ähnliches. Unsere Häuser und Städte werden bunter. Das gilt für die neuen Wohnquartiere in den Randlagen und Vorortsiedlungen ebenso wie für Altstadtsanierungen. Hier mögen zarte Pastelltöne überwiegen, dort die grellen Akzente häufiger sein. Vielleicht sollen damit Mängel der Architektur, ihre Einfallslosigkeit und Gleichförmigkeit übertüncht werden. Aber bezeichnend ist eben, daß uns heute auf die Nerven fällt und trübsinnig stimmt, was wir gestern noch als normal empfanden. Kaum zufällig greifen überall junge Leute zur Selbsthilfe und überdecken die grauen Betonflächen mit der Buntheit ihrer Träume.

Im Osten wird wiederum der Kontrast erkennbar: Der Mangel an Farbe erscheint als eine Erbkrankheit des Sozialismus. Es liegt nahe, dies aus der bürokratischen Zwangsbewirtschaftung des Mangels zu erklären. Doch gerade eine Planwirtschaft kann ihrem Prinzip nach Prioritäten setzen; sie könnte durchaus Farbe herbeischaffen, falls diese als wichtig, als positives Merkmal des »real existierenden Sozialismus« angesehen würde. Darum muß es richtiger wohl heißen: Farbe gilt in den Staaten des Ostblocks nicht, noch nicht als so wichtig, wie sie uns inzwischen geworden ist.

Im Westen hat der Mut zur Farbe heute sogar einen Bezirk erreicht und weithin bereits erobert, der Generationen hindurch wie kein anderer von der Angst davor gekennzeichnet war: die Männerbekleidung. Dabei hat zwar die Freizeitausstattung den Anfang gemacht. Aber es bleibt nicht bei ihr – oder, vielmehr: Sie dringt als Signal gewandelter Einstellungen tiefer und tiefer in die Bezirke der Arbeit vor. Ein erheblicher und wachsender Anteil der jüngeren Generation trägt die beliebten Turn- und Tennisschuhe auch zum Dienst oder zum »Job«, und selbst Kassierer der Deutschen Bank halten sich immer weniger an das ungeschriebene Gesetz, das ihnen einst zum »korrekten« Anzug das blütenweiße Hemd zudiktierte. Noch einmal geht es im übrigen um ein West-Ost-Gefälle. Wenn aus einem Reisebus eine besonders bunte Gesellschaft hervorquillt, die Herren groß kariert und die

Damen – gereifter Jugendlichkeit – als wandelnde Blumenpracht, dann wissen wir sofort, um wen es sich handelt: Amerikaner. An Russen oder DDR-Funktionäre würden wir dagegen nicht im Traum denken.

Alles in allem verweist der Wandel von der Farblosigkeit zur Farbe auf eine Heimkehr von der neuzeitlichen Askese zur Sinnenfreude und auf eine neue Bereitschaft zum Luxus. So gesehen, würden ausgerechnet die jungen Leute, die als »Stadtindianer« in herausfordernder Kostümierung und mit hochkünstlichen, grell gefärbten Frisuren den braven Bürger provozieren, sich als nahe Verwandte jener vornehmen Herren erweisen, die einst unter mächtigen Allongeperücken die Throne der höfischen Zivilisation besetzten oder umdrängten. Der Unterschied ist nur, daß seinerzeit der bürgerlichen Entrüstung die Zukunft gehörte, während sie sich heute auf der Straße des resignierten Rückzugs befindet.

Nun ist es allerdings die Frage, ob das, was vorgeht, statt als Wertewandel nicht angemessener als eine Entwicklung zur Wertevielfalt zu beschreiben wäre. Von den modernen Eliten, die keineswegs eine Mußeklasse darstellen, vielmehr sich am Übermaß ihrer Arbeit rechtfertigen, war schon die Rede. Ihre Anzüge bleiben so konservativ dunkel wie die Limousinen, mit denen sie zu Konferenzen und Gipfeltreffen vorfahren; nachtschattenblau gelten sie bereits als gewagt progressiv.

Noch bezeichnender, weil offensichtlich zukunftsbestimmend, dürfte die Entwicklung einer rasch wachsenden Vielzahl von technischen Spezialisten, von Experten des Einkaufs und Verkaufs, der Bank-

und Börsenfachleute, der Designer und Modemacher aller Art sein, die das Bild der modernen Dienstleistungsberufe prägen. Für sie hat sich die Bezeichnung der »young urban professionals«, kurz der »Yuppies« eingebürgert, wobei der Begriff der Professionalität nicht nur auf die Qualifikation, sondern auch auf eine hohe, nicht selten sogar extreme Leistungsmotivation hinweist. Der Gegensatz zum klassischen Typus des Bürgers liegt allerdings darin, daß die Genußmotivation nicht weniger hoch entwickelt ist. Leistung und Luxus sollen einander nicht mehr ausschließen, sondern ergänzen; statt der Einfalt wirkt die Vielfalt der Wertorientierungen als Faszination.

Von der Unmöglichkeit, konsequent zu bleiben

Wenn man der soeben um der Anschaulichkeit willen leichthin skizzierten Entwicklung eine zweite und ernstere Betrachtung widmet, dann stellt sich die Frage, ob die Wertevielfalt oder sogar der Wertekontrast nicht zu den Bedingungen gehört, unter denen eine moderne oder postmoderne Gesellschaft überhaupt zu existieren vermag. Die neuzeitliche Entwicklung stand dagegen unter sehr einseitigen Vorzeichen; wahrscheinlich war dies nur möglich, weil sie insgeheim zugleich von den Traditionsmächten zehrte, gegen die sie sich wandte und deren Kapital sie langsam, aber sicher aufbrauchte.[35]

Für die Dynamik des Fortschritts besaß eine systematische Entfesselung der Konkurrenz zentrale Bedeutung. Denn nur wo Konkurrenz herrscht, muß jeder seine Kräfte zur Höchstleistung anspannen, um zu bestehen und nicht zurückzufallen. Das Unternehmen, das erstarrt, das sich auf die Produkte und Produktionstechniken, die Organisationsformen und Absatzstrategien verläßt, mit denen es gestern noch erfolgreich war, befindet sich bereits auf der abschüssigen Straße, an deren Ende so geduldig wie unerbittlich der Konkursrichter wartet.

Niemand anders als Marx hat im »Kommunistischen Manifest« den Sachverhalt dramatisch und nicht ohne einen Beiklang der Bewunderung geschildert: Erst die Bourgeoisie »hat bewiesen, was die Tätigkeit des Menschen zustande bringen kann. Sie hat ganz andere Wunderwerke vollbracht als ägyptische Pyramiden, römische Wasserleitungen und gotische Kathedralen, sie hat ganz andere Züge ausgeführt, als Völkerwanderungen und Kreuzzüge. – Die Bourgeoisie kann nicht existieren, ohne die Produktionsinstrumente, also die Produktionsverhältnisse, also sämtliche gesellschaftlichen Verhältnisse fortwährend zu revolutionieren. Unveränderte Beibehaltung der alten Produktionsweise war dagegen die erste Existenzbedingung aller früheren industriellen Klassen. Die fortwährende Umwälzung der Produktion, die ununterbrochene Erschütterung aller gesellschaftlichen Zustände, die ewige Unsicherheit und Bewegung zeichnet die Bourgeoisepoche vor allen anderen aus.«[36]

Freilich wird dafür ein hoher menschlicher Preis eingefordert: »Die Bourgeoisie, wo sie zur Herrschaft gekommen, hat alle feudalen, patriarchalischen, idyllischen Verhältnisse zerstört. Sie hat die buntscheckigen Feudalbande, die den Menschen an seinen natürlichen Vorgesetzten knüpften, unbarmherzig zerrissen und kein anderes Band zwischen Mensch und Mensch übriggelassen, als das nackte Interesse, als die gefühllose ›bare Zahlung‹.«[37] Übrigens hat schon zweihundert Jahre vor Marx und wohl noch eindrucksvoller der englische Philosoph Thomas Hobbes das neuzeitliche Prinzip beschrieben, wenn er das menschliche Leben mit einem Wettrennen aller gegen alle vergleicht und abschließend sagt: »Von diesem Wettrennen aber müssen wir annehmen, daß es kein anderes Ziel, keinen anderen Siegeskranz kennt als: der Erste zu sein ... Und das Rennen aufgeben heißt sterben.«[38]

Die buchstäblich tödliche Konkurrenz bringt große Leistungen hervor, sie ist auf den Rekord, aufs ständige Überbieten angelegt, aber für den Menschen bedeutet sie eher die Hölle als ein Paradies.

Und schon als Idee wirft sie tiefe Schatten in unser Selbstbewußtsein. Denn wer nicht mithalten, wer wenig oder nichts leisten kann – zum Beispiel der Behinderte – oder wer seine Leistungsfähigkeit einbüßt – wie der alternde Mensch –, der ist zu nichts mehr nütze: bloßer Versorgungs- oder Verschrottungsfall.

Das mag kraß formuliert sein. Doch wie anders, wenn nicht vor dem Hintergrund eines allgemeinen Leistungswettkampfes und Konkurrenzbewußtseins, konnte in unserem Jahrhundert die »Kampf ums Dasein«-Ideologie Triumphe feiern? Beleuchten die nationalsozialistischen »Euthanasie«-Aktionen womöglich nur in krasser Zuspitzung, was im Unterbewußtsein unserer Zivilisation auf der Lauer liegt? Kommt es vielleicht daher, daß der moderne Mensch dem natürlichen Schicksal, an dem jede Leistung abprallt – der unheilbaren Krankheit, dem Alter, dem Tod –, kaum mehr ins Auge blicken kann und es den »Fachleuten« in Klinik und Pflegeheim überantwortet?

Wird zudem nicht die Aggressivität gezüchtet? Sie kennzeichnet nicht nur die wenigen, die beim Wettkampf Erfolg haben, sondern auch oder erst recht die vielen, die scheitern. Um Gesellschaftsordnung und Herrschaft zu stabilisieren, muß ihr Mißerfolg umgelenkt werden in die Jagd auf Sündenböcke. Auch das hat die Geschichte im 20. Jahrhundert nur zu deutlich und schrecklich demonstriert. In den auf Hobbes bezogenen Worten von Hannah Arendt: »Da der Naturzustand des Menschen als Krieg aller gegen alle definiert ist, ist gleichsam apriorisch die mögliche Vergesellschaftung der Deklassierten in eine Mörderbande vorgezeichnet ... Es ist damit das Verhalten der Bourgeoisie wie des von ihr erzeugten Mobs in grandioser Weise vorgezeichnet, wie schließlich das, was man gemeinhin unter dem Untergang des Abendlandes versteht.«[39]

Daß diese Konsequenz nicht durchweg eingetreten ist, dürfte den vormodernen Traditionsbeständen – und mit ihnen, wie Hannah Arendt meint, einer »außerordentlich vernünftigen und segensreichen Heuchelei« zu verdanken sein.[40] Wie aber, wenn einerseits die altehrwürdigen Bestände aufgebraucht sind und andererseits die moderne Zivilisation ohne das konkurrenzbestimmte Leistungsprinzip weder entstanden wäre noch bestehen kann? Wenn überdies die Leistungsauslese ein Gerechtigkeitsideal bezeichnet, hinter das man schwerlich zugunsten des Erbprinzips oder der Rechtgläubigkeit zurückfallen darf, ohne wiederum Barbarei zu riskieren?

Es bleibt dann wohl nur der Weg in die Inkonsequenz, in den Widerspruch. Offenbar können wir nicht aus einem einzigen »Grundwert« leben, sondern wir brauchen den spannungsreichen Kontrast, zur Idee die Gegenidee, zum Prinzip das Anti-Prinzip. Es liegt nahe, dafür Stichworte wie Solidarität, Nächstenliebe, Brüderlichkeit einzusetzen. Allerdings brauchen wir nicht nur feiertägliche »Werte«, sondern auch Antriebe und Inhalte für den Alltag, die unser Selbstbewußtsein tragen. Wenn die Arbeitsleistung das eine ist, was soll dann das andere sein?

Von Männern und Frauen

Der soeben gestellten Frage ist das nachfolgende Kapitel gewidmet. Vorher aber soll die moderne Problematik noch einmal am Verhältnis oder vielmehr Mißverhältnis von »Männlichkeits«-Idealen und »Weiblichkeit« sichtbar gemacht werden. Denn die Einseitigkeit der neuzeitlichen Entwicklung läßt sich zugleich als einseitige oder sogar extreme Vorherrschaft des Männlichen bestimmen. Das beginnt in der Reformation. Mit den Heiligen werden alle Frauenfiguren verbannt, auch die Heilige Jungfrau und Gottesmutter.

Was das bedeutet, läßt sich am polnischen Beispiel ermessen. Ein Volk, das in der neueren Geschichte mehr und mehr in Bedrängnis gerät, dessen staatliche Existenz schließlich von modernen Mächten zerstört wird, bewahrt seine Identität im alten Glauben und in der inbrünstigen Zuwendung zu seiner Schutzheiligen, zur Schwarzen Madonna von Tschenstochau. Noch im Zweiten Weltkrieg beginnt der Eid der polnischen Untergrundarmee mit den Worten: »Vor Gott dem Allmächtigen, vor der Heiligen Jungfrau Maria, der Königin der Krone Polens, lege ich meine Hand auf dieses heilige Kreuz, Symbol des Märtyrertums und der Erlösung ...« Es ist des Nachdenkens wert, ob nicht das Unglück Polens in der Tiefe damit zu tun hat, daß sich eine Nation den rein männlichen Idolen hartnäckig verweigert.

Solange indessen die moderne Vorherrschaft männlicher Ideale noch nicht eindeutig gesichert ist, macht sich die Angst vor der Verführungskraft, vor dem »Zauber« des Weiblichen als Aggression bemerkbar: Überall und massenhaft flammen die Scheiterhaufen. Der Hexenwahn ist ja keineswegs eine schlechthin mittelalterliche Erscheinung, wie so oft gesagt wird, sondern er beginnt seinen eigentlichen, verheerenden Siegeszug erst im Zeitalter der Renaissance und der Reformation, wobei sich dann auch die Gegenreformation von ihrem Gegner bestimmen läßt. Der »Hexenhammer«, der die Massenverfolgung einleitet und rechtfertigt, erscheint 1487, und die Verfolgung dauert bis tief in die Neuzeit, bis ins 18. Jahrhundert hinein.[41]

Ein genaues Gegenbild zum Niedergang Polens liefert der Aufstieg Preußens.[42] Friedrich Wilhelm I., der große Erzieher zum Preußentum, der seinen Untertanen so mühevoll wie drastisch die Tugenden der Leistungsbereitschaft, der Pflichterfüllung, des Dienstes am Staate einbleut, verabscheut die Kultur des Salons, in der der Geist des Weiblichen die Atmosphäre bestimmt; seine gegen das französische Vorbild der höfischen Zivilisation gerichtete »Revolution von oben« ließe sich präzise auch als Männlichkeitsrevolution charakterisieren. Wirklich wohl fühlt sich dieser »Soldatenkönig« nur unter seinesgleichen, in der freimütig derben Runde des Tabakkollegiums, in der Frauen nicht zugelassen sind. Und seine eigentliche Liebe gilt den Soldaten, besonders seiner Garde der »langen Kerls«, für die der kleingewachsene Pfennigfuchser Unsummen ausgibt – und die er heimlich und eigenhändig Mann für Mann porträtiert. Er bekennt: »Das schönste Mädchen, das man mir verschaffte, wäre mir gleichgültig. Aber Soldaten, das ist meine Schwäche, damit kann man mich soweit bringen, wie man will.«

Wohlgemerkt: Es geht hierbei nicht um eine unterdrückte Homoerotik, jedenfalls nicht in der üblichen, im direkten Sinne sexuellen Bedeutung. Wie immer es um die Triebrichtung des einzelnen bestellt sein mag, nicht darauf kommt es an, sondern auf den männerbündischen Geist, auf das Tugendprofil, eine Haltung, ein Ideal. Durch Friedrich den Großen bekommt dieses Ideal dann den Glanz des Heldischen, des Kampfes um alles oder nichts, der Todesbereitschaft. Das gilt zumal im Rückblick, für eine Verklärung durch spätere Generationen, die mit dem Abstand nicht schwindet, sondern wächst. Stets geht es dabei zugleich um Abwehr, um Abwertung und Verachtung – konsequent genug: Dem Heldenideal droht unter dem zivilisierenden, sänftigenden Einfluß der Frau womöglich die Entlarvung als Pose, und die Bereitschaft zum Selbstopfer sieht sich vom Weiblichen »zersetzt«, »verweichlicht« und »herabgezogen« in die Banalität des Überlebens.

In solchem Sinne ist Deutschlands politische Kultur bis in die Abgründe des 20. Jahrhunderts von ihrem preußischen Ausgangspunkt bestimmt worden; in solchem Sinne wäre zu lesen, was der Franzose Georges Clemenceau mit der Hellsicht des Feindes geschrieben hat: »Lieber Freund, es entspricht dem Wesen des Menschen, das Leben zu lieben. Der Deutsche kennt diesen Kult nicht. Es gibt in der deutschen Seele, in der Kunst, in der Gedankenwelt und Literatur dieser Leute eine Art Unverständnis für alles, was das Leben wirklich ist, und an dessen Stelle eine krankhafte und satanische Liebe zum Tod. Diese Leute lieben den Tod. Diese Leute haben eine Gottheit, die sie zitternd, aber doch mit einem Lächeln der Ekstase betrachten, als wären sie von einem Schwindel erfaßt. Und diese Gottheit ist der Tod. Woher haben sie das? Ich weiß darauf keine Antwort. Der Deutsche liebt den Krieg als Selbstliebe und weil an dessen Ende das Blutbad wartet. Der Deutsche begegnet ihm, wie wenn er seine liebste Freundin wäre.«[43]

In der durchaus unheldischen Bürgergesellschaft, die im 19. Jahrhundert der Höhe ihrer Herrschaft zustrebt, nimmt indessen die Frauenverachtung nur eine andere Form an. In dieser Gesellschaft ist Farbe einzig noch den Frauen erlaubt, jedenfalls solange sie noch nicht zu »Matronen« abgestempelt werden. Und der Arrivierte verkündet von seiner »Es ist erreicht!«-Position aus mit dem Stolz des Paschas: »Meine Frau hat es nicht nötig zu arbeiten!« Da aber Arbeit und Beruf den Tiefgang des Lebens und den sozialen Status markieren – und dies in einem von Haus und Familie strikt getrennten, aufs Einkommen abgestellten Sinne –, wird genau damit die Frau in den zweiten, den minderen Rang verwiesen.

Ins Bild gehören übrigens die bunten Außenbezirke eines geduldeten Andersseins: Zu den Bedingungen bürgerlicher Prüderie zählt die Boheme, einschließlich aller Bretter, die die Welt bedeuten, und im Hintergrund leuchtet der Tempel der Venus. Denn Boheme und Bordell entlasten. Indem man im Untergeschoß der Moral heimlich von bittersüßen Früchten kostet, kann man in der Beletage ganz der eigenen Leistung und einer Ehe leben, in der die Ehre der »züchtigen Hausfrau« über alles gestellt wird. Darum ist die doppelbödige Moral nichts als konsequent, und in der Wahrheit, die ihr Verschweigen voraussetzt, gehört die Gemahlin mit der Lebedame oder Dirne funktionsteilig zusammen.[44] Hier die Repräsentation, dort die Unterhaltung. Hier wie dort zahlt der Mann für den Luxus, den er verachtet, und sichert sich damit sein Bewußtsein der Überlegenheit.

Es kommt noch hinzu, daß mit der modernen Entwicklung der Verantwortungsbereich der Frau unerbittlich eingeschnürt wird. In der vormodernen Gesellschaft galt nicht nur für Bäuerinnen oder Gutsherrinnen, sondern für jede Frau, die einem Haushalt vorstand, was der Abzählvers der Kinder zum Ausdruck brachte:

»Sechs mal sechs ist sechsunddreißig!
Ist der Mann auch noch so fleißig,
und die Frau ist liederlich,
geht die Wirtschaft hinter sich.«

In der bürgerlichen Ordnung schrumpft dagegen von Generation zu Generation die Zahl der Kinder ebenso wie der Umfang häuslicher Eigenproduktion. Darum tritt der Luxuscharakter eines Frauenlebens immer schneidender hervor, das mit Klavierspiel und Migräne seine Verelendung anzeigt – und dessen überdauernde Mühsal ohnehin nicht zählt. Es ist kein Zufall, daß nicht in den Unterschichten, in denen der Zwang zum Mitverdienen für die Frau niemals aufhört, sondern in den bürgerlichen Mittel- und Oberschichten zuerst der Ruf nach einer Änderung der Verhältnisse, nach dem Wertewandel, der Ruf nach der Emanzipation laut wird.

Die Heimkehr zum Luxus

Aufbruch ins Unbekannte

»Wir wissen bereits, ohne es uns doch recht vorstellen zu können, daß die Fabriken sich in wenigen Jahren von Menschen geleert haben werden und daß die Menschheit der uralten Bande, die sie unmittelbar an die Natur ketten, ledig sein wird, der Last der Arbeit und des Jochs der Notwendigkeit. Auch hier handelt es sich um einen Grundaspekt menschlichen Daseins, aber die Rebellion gegen diese menschliche Existenzbedingung, das Verlangen nach dem leichten, von Mühe und Arbeit befreiten, göttergleichen Leben ist so alt wie die überlieferte Geschichte. Auch ist ein von Arbeit befreites Leben ja nicht neu; es gehörte einst zu den selbstverständlichsten und bestgesicherten Vorrechten und Privilegien der Wenigen, die über die Vielen herrschten. So mag es scheinen, als würde hier durch den technischen Fortschritt nur das verwirklicht, wovon alle Generationen des Menschengeschlechts nur träumten, ohne es jedoch leisten zu können.

Aber der Schein trügt. Die Neuzeit hat im siebzehnten Jahrhundert damit begonnen, theoretisch die Arbeit zu verherrlichen, und sie hat zu Beginn unseres Jahrhunderts damit geendet, die Gesellschaft im Ganzen in eine Arbeitsgesellschaft zu verwandeln. Die Erfüllung des uralten Traums trifft wie in der Erfüllung von Märchenwünschen auf eine Konstellation, in der der erträumte Segen sich als Fluch auswirkt. Denn es ist ja eine Arbeitsgesellschaft, die von den Fesseln der Arbeit befreit werden soll, und diese Gesellschaft kennt kaum noch vom Hörensagen die höheren und sinnvolleren Tätigkeiten, um deretwillen die Befreiung sich lohnen würde. Innerhalb dieser Gesellschaft, die egalitär ist, weil dies die der Arbeit angemessene Lebensform ist, gibt es keine Gruppe, keine Aristokratie politischer oder geistiger Art, die eine Wiedererholung der Vermögen des Menschen in die Wege leiten könnte. Auch die Präsidenten der Republiken, die Könige und Kanzler mächtiger Reiche halten das, was sie tun, für eine im Leben der Gesellschaft notwendige Arbeit, ihr Amt ist ein Job wie jeder andere auch; und was die mit geistigen Tätigkeiten Befaßten von dem, was sie tun, denken, drückt der Name ›Geistesarbeiter‹ zur Genüge aus: wo andere mit der Hand arbeiten, bedienen sie sich eines anderen Körperteils, nämlich des Kopfes. Hiervon ausgenommen sind wirklich nur noch ›die Dichter und Denker‹, die schon aus diesem Grunde außerhalb der Gesellschaft stehen. Was uns bevorsteht, ist die Aussicht auf eine Arbeitsgesellschaft, der die Arbeit ausgegangen ist, also die einzige Tätigkeit, auf die sie sich noch versteht. Was könnte verhängnisvoller sein?«

Mit diesen Worten hat Hannah Arendt die Situation der Zeit bereits im Jahre 1958 gekennzeichnet.[45] Natürlich urteilt die Philosophin im genauen Sinne voreilig; heute, nach immerhin dreißig Jahren, gibt es nach wie vor Fabrikarbeiter, mehr Polizisten und Professoren als je zuvor, und die Räumung der Büros durch die Revolution der Computer hat gerade erst begonnen. Offensichtlich falsch ist es im übrigen, von der »Menschheit« zu reden: Es handelt sich um die europäisch-nordamerikanische Zivilisation sowie um Einsprengsel in der übrigen Welt, in denen – wie in Japan – die Hinwendung zur Arbeitsgesellschaft mit- oder nachvollzogen wurde.

Aber dies macht die Situation nur doppelt fatal. Hier mißrät die Annäherung an den Traum vom Leben in Wohlstand und Muße zum Alptraum, weil man sich bloß noch aufs Arbeiten versteht. Und dort, in der sogenannten Dritten Welt, in der vormoderne Traditionsbestände vielleicht bessere Chancen bieten könnten, regiert die Verelendung, bis alle die ehrwürdigen Bilder vom guten Leben im Hohn ihrer Weltenferne zerfallen.

Hier nun, in unserer eigenen Welt, genügt es offensichtlich nicht, die Arbeit besser zu verteilen – so wichtig auch immer dies sein mag – oder Neuland, gewissermaßen Marktlücken für zusätzliche Tätigkeiten zu erschließen.[46] Es wird sinnlos, immer mehr zu produzieren. Oder vielmehr und schlimmer: Der der Arbeitsgesellschaft innewohnende, durch viele Generationen als Tugend eingeübte Systemzwang, eben dies zu tun, mündet in die Vergeudung der Rohstoffe, in die Vergiftung der Erde, der Luft und des Wassers, in die Naturzerstörung und damit in die Selbstvernichtung. Einhalt zu gebieten, weniger statt mehr zu produzieren, zu verbrauchen und zu arbeiten, das wird zum Gebot des Überlebens.[47]

Nur, leider: Der Mensch mag zwar ein Recht auf Faulheit haben, aber schlicht zum Faulenzen dürfte er kaum gemacht sein. Er ist, so scheint es, ein unverbesserlicher Aktivist. Er klettert auf Berge, wandert durch Wüsten, taucht in die Ozeane, fliegt in den Weltraum. Er läßt sich auf die waghalsigsten Herausforderungen, auf Wetten und Wettkämpfe ein; das

Buch der Rekorde, seien sie noch so abseitig, zieht ihn magisch an. Er möchte seinen Namen durch Taten oder Untaten verewigt sehen. Er spielt, tanzt, singt, lacht und weint, produziert Kitsch und Kunst, Opern, Operetten, Märchen, Ideologien, Ekstasen, Gelehrsamkeit, Ulk und Tiefsinn, Taschenspielertricks und wer weiß was noch alles. Und bei alledem fühlt er sich pudelwohl, obgleich gar nichts Nützliches und Vernünftiges, im Sinne der biologischen Erfordernisse Notwendiges dabei herausschaut.

Andererseits kann der Mensch in der Fülle des Notwendigen, vollgestopft mit Futter, Sex und allem anderen, völlig verzweifeln und – ein humanes Privileg – im extremen Falle Selbstmord begehen. Bekanntlich verschwinden die Aggressionen nicht mit dem Wohlstandsniveau unserer Zivilisation; die Selbstmord- und die Kriminalitätsraten steigen, statt daß sie fallen. Es ist nun einmal nicht auszuhalten, keine Aufgabe zu haben, nicht gebraucht zu werden und aufs immerwährende Sich-Ausruhen und Zuschauen verwiesen zu sein. Wie die Bibel sagt: Der Mensch lebt nicht vom Brot allein. Diese Wahrheit macht sich genau in dem Maße handgreiflich bemerkbar, in dem es am Brot nicht mangelt. Darum wachsen die Langeweile, der Überdruß, die Zweifel am Sinn und der Drang zum Zerstören.

Mit anderen Worten: Es zeigt sich, je länger, je mehr und desto eindringlicher, die Notwendigkeit des Überflüssigen. Wir müssen heimkehren zum Luxus, zu einer Kultivierung der Muße, die, eigenständig gegen Arbeit, Frei-Zeit und den puren Konsum, unserem Leben Spannkraft und Aktivität, Farbe und Sinn gibt. Die Frage ist nur: Wie fangen wir das an?

Mögliche Vorbilder, sofern die Erinnerung bis zu ihnen noch trägt, entstammen vormodernen Ordnungen, die nicht mehr die unseren sind. Das muß nicht unbedingt schrecken; vielleicht läßt sich auch oder gerade vom scheinbar Antiquierten etwas lernen. Zumindest könnte dies im Sinne der Ermutigung gelten, uns aus Gewohnheiten zu lösen: Die modernen Wertungen und Verhaltensweisen sind keineswegs »natürlich«, sondern in höchstem Maße künstlich; durch Jahrtausende war es selbstverständlich, daß dem otium, der erfüllten Muße, in jedem Sinne der Vorrang gebührt vor dem neg-otium, der Geschäftigkeit.

Zugleich allerdings hatte es zum Selbstverständlichen der Jahrtausende gehört, »daß die ungeheure Mehrheit der Kräfte unseres Geschlechts aufgehen muß in der Befriedigung der größten Lebensbedürfnisse. Das bloße Dasein zu fristen ist für den Barbaren der Hauptinhalt des Daseins. Und so gebrechlich und bedürftig ist von Natur unser Geschlecht, daß auch auf höheren Kulturstufen die ungeheure Mehrheit der Menschen immer und überall der Sorge um das Leben, der materiellen Arbeit ihr Dasein widmen muß, oder um es trivial auszudrücken: Die Masse wird immer die Masse bleiben müssen. Keine Kultur ohne Dienstboten. Es versteht sich doch von selbst, wenn nicht Menschen da wären, welche die niedrigen Arbeiten verrichten, so könnte die höhere Kultur nicht gedeihen. Wir kommen zu der Erkenntnis, daß die Millionen ackern, schmieden und hobeln müssen, damit einige Tausende forschen, malen und dichten können.«

Doch das war bereits zur Verblendung mißraten, zum Wahn, in dem die Gewalt auf der Lauer lag, als

Heinrich von Treitschke es vor einem Jahrhundert formulierte.[48] Die unermeßliche Errungenschaft der modernen Arbeitsgesellschaft besteht darin, daß sie die uralten Ketten der Ungleichheit zugunsten der Gleichheit als des grundlegenden Rechtsprinzips aufgesprengt hat. Dies mag nicht der Menschenfreundlichkeit zu verdanken sein, sondern der Tatsache, daß einzig auf dem Boden der Gleichheit die moderne Dynamik, der Systemzwang von Konkurrenz und Leistung durchgesetzt werden kann.[49] Aber das ändert nichts am Charakter der Errungenschaft. Darum führt kein gangbarer Weg hinter eine Gesellschaft zurück, die die Arbeit durch Arbeit abschafft; es gibt nur das Vorwärts über sie hinaus. Insofern erweist sich jede Orientierung am Vergangenen als problematisch: Muße für die vielen statt für die wenigen ist so neu wie ein Luxus für alle ohne Vorbild.

Daher ist es wichtig zu warnen: Unvermeidbar haftet an den nachfolgenden Skizzen etwas Fragwürdiges, ein Makel der Ungenauigkeit und des Voreiligen; selbst im besten Falle beschreiben sie nur einige Dimensionen des Möglichen, nicht die Wirklichkeit von morgen, die wir nicht kennen und die niemand herbeikommandieren kann. Und wenn die Zukunft etwas taugt, dann wohl nur, falls sie sich nicht aus Rezepten, sondern aus den Bedürfnissen von Menschen entwickelt, die selbst aktiv werden.

Eine weitere Warnung betrifft die Wertungen. Wir sind es gewohnt, zwischen Kultur und Zivilisation, zwischen Ernst und Unterhaltung Gräben, um nicht zu sagen Abgründe aufzureißen. Aber diese Gewohnheit entstammt den elitären, anti-egalitären Traditionen, wie Treitschke sie repräsentiert. Es haftet an ihr der Ludergeruch der Reaktion, das Ressentiment der ehemals oder eingebildet Privilegierten, denen die Herrschaft entgleitet. Wie es ein Recht auf die Faulheit gibt, so gewiß auch eines auf die Banalität, zum Beispiel auf die handfeste Spannung und Entspannung, die wir als Zuschauer des sportlichen Wettkampfes oder des »Western«-Films, als Leser eines Kriminalromans genießen. Davon wird weiter nicht die Rede sein; um so nachdrücklicher sei vorab daran erinnert.

Askese

Im vorigen Kapitel war von modernen Eliten die Rede. Im krassen Gegensatz zu vormodernen Oberschichten zeichnen sie sich aus durch ein Übermaß an Arbeit, durch die Vielzahl ihrer Aufgaben und Ämter; sie bilden ihr Selbstbewußtsein daran, gefragt und wichtig zu sein: an dem für Wochen und Monate im voraus schon »ausgebuchten« Terminkalender.

Dieser Tatbestand fordert ein, zugegeben bizarres, Gedankenexperiment heraus. Angenommen, es würde den Managern und Ministern, den Groß-Professoren und Groß-Künstlern von Zeit zu Zeit zwangsweiser Müßiggang, ein Sabbatjahr verordnet, um Distanz zu gewinnen und vielleicht neue Perspektiven zu entwickeln. Keine Aktenstapel oder Geschäftspapiere, kein Büro und keine Sekretärin, kein Telexanschluß, keine Konferenzen und Arbeitsessen – nichts. Was würde geschehen? Wahrscheinlich würden nicht selten schwere Entzugserscheinungen auftreten, sozusagen als das Drogenproblem der »Workaholics«. Doch unter Umständen würde sich – mindestens im Rückblick – die Zwangspause auch als fruchtbar erweisen. Sie könnte der Betriebsblindheit vorbeugen oder abhelfen, die in jeder reservelosen Tagesgeschäftigkeit angelegt ist.

Um das Problem in einer beziehungsreichen Geschichte anschaulich zu machen: Japanische Verhaltensforscher hatten auf einer kleinen Pazifikinsel eine Affenherde ausgesetzt und nahmen zu Protokoll, was sich ereignete. Es geschah unter anderem, daß eines Tages eine junge Äffin entdeckte, wie das von den Forschern ausgelegte Futter nicht nur sauber wurde, sondern – wegen des Salzes – auch besser schmeckte, wenn man es vor dem Verzehr im Meer wusch. Bald lernten immer mehr Affen die neue Technik. Nur das Leittier, der »Boß«, lernte nicht. Wie sollte er? Sollte er »zugeben«, daß andere, noch dazu ein weibliches Wesen, etwas entdeckt hatten, worauf er bei aller seiner Stärke, Tüchtigkeit und Erfahrung nicht gekommen war?

Im Ernst stellt sich die Frage, wie die Zukunft einer Ordnung aussieht, deren berufene Hüter sich immer nur ums Nächstliegende kümmern, unter dem Vorwand, für anderes ohnehin keine Zeit zu haben. Die geschichtliche Erfahrung sagt, daß Eliten auf die Dauer nur dann erfolgreich waren, wenn sie mehr vermittelten als einzig die technische Funktionsfähigkeit der Hierarchie, an deren Spitze sie standen. Denn der Mensch lebt nun einmal nicht vom Brot allein.

In den siebziger Jahren hat Helmut Schelsky ein polemisches Buch geschrieben unter dem Titel: »Die Arbeit tun die anderen – Klassenkampf und Priesterherrschaft der Intellektuellen«.[50] Die einen, heißt es, tragen die Arbeitslast und die reale Verantwortung für das allgemeine Wohlergehen, die anderen leben von dieser Arbeit, praktisch als Parasiten, und sie betätigen sich als Gegenelite. Sie produzieren Ideologien und Utopien, die Träume von einer ganz anderen Ordnung, von der aus alles, was heute besteht, nur noch wert erscheint, daß es zugrunde geht.

Die Diagnose mochte für viele plausibel sein; kaum zufällig ist Schelskys Schrift zu einem großen Bucherfolg geworden. Allerdings hat der Autor es versäumt, selbstkritische Fragen zu stellen: Sind die Gegeneliten vielleicht darum erfolgreich, weil sie in einen Leerraum vorstoßen und ihn füllen? Wie weit sind die Arbeitseliten bereit, über den engen Bezirk hinaus öffentlich zu wirken, von dem sie meinen, daß er sie schon vollauf beansprucht? Sind sie fähig, sich den geistigen Auseinandersetzungen der Zeit offensiv zu stellen, statt bloß über das eigene Verkanntsein zu klagen? Gelingt es ihnen, die eigene Tätigkeit einleuchtend oder gar faszinierend darzustellen?

Fragen über Fragen. Die Chance zum Abstand, auf die das Gedankenexperiment hinweisen wollte, ließe sich verallgemeinernd beschreiben als ein Luxus der Askese. Zwar mag es als paradox erscheinen, die Begriffe »Luxus« und »Askese« zusammenzufügen. Aber einmal mehr handelt es sich um die Paradoxien, die in der Reife und Krise der modernen Arbeitsgesellschaft angelegt sind. Für diejenigen, die aus der Fülle der Arbeit ihre Rechtfertigung und ihr Selbstbewußtsein gewinnen, würde der zeitweilige Rückzug tatsächlich einen Akt der Askese darstellen – und, herausfordernd genug, den Charakter des strikt Überflüssigen gewinnen.

Prüft man das Gesagte an seiner Verallgemeinerung, so stellt sich heraus, daß es keineswegs nur um die modernen Arbeitseliten geht. Ein Luxus der Askese ließe sich als Distanzierung von den groben oder subtilen Zwängen des Dabeiseins und Mitmachens vielfältig vorstellen; der Widerstand gegen die Lokkungen oder Drohungen des Konsums würde dabei nur eine Dimension unter anderen bezeichnen.[51] Daß das Mißlingen oft näher liegt als das Gelingen, das demonstrieren die Moden des »Aussteigens«, die ihre eigene Art von Konformismus mit sich tragen und oft mehr auf Abwege als auf gangbare Wege führen. Doch sogar das Mißlingen zeugt für eine wachsende Bereitschaft, den Luxus der Askese zu wagen.

Für die Kultivierung der Askese und damit für eine Annäherung ans Gelingen könnten wahrscheinlich alte Vorbilder hilfreich sein. Denn im Grunde handelt es sich, nur unter den besonderen Bedingungen der Gegenwart, um die conditio humana, also um eine Möglichkeit, die im Menschen als Menschen angelegt ist. Wie es bei Max Scheler heißt: »Mit dem Tiere verglichen, das immer ›Ja‹ zum Wirklichsein sagt – auch da noch, wo es verabscheut und flieht –, ist der Mensch der ›Neinsagenkönner‹, der ›Asket des Lebens‹, der ewige Protestant gegen alle bloße Wirklichkeit.«[52] Diese menschliche Möglichkeit hat in vielen Kulturen bis zur Prägung als Institution geführt. Nicht nur für das christliche Abendland wäre an die Traditionen des Mönchtums zu erinnern; im Buddhismus gibt es bis heute das Mönchtum auf Zeit als selbstverständliche Praxis. Die Gründungsmythen der Religionen berichten wieder und wieder vom Gang ihrer Stifter ins Gebirge, in Wildnis oder Wüste. Erst Askese ermöglicht die Meditation – und Meditation die Erleuchtung. Oder wie wäre je Weisheit geboren worden, wenn nicht aus dem Abstand, der das längst Gewohnte mit anderen Augen sehen lehrt?[53]

Dialektik der Aufklärung oder: Die Kultur des Indirekten

Die einfachste Lösung, den kürzesten Weg zum Ziel finden: Das ist der Inbegriff der neuzeitlichen Rationalität und mit ihr der Ökonomie. Es kommt darauf an, mit immer weniger Aufwand immer mehr zu leisten; alles andere erscheint als sträflicher Luxus. Denn nur so kann man im Sturm der »schöpferischen Zerstörung«[54], im Konkurrenzkampf bestehen, nur so die Arbeit durch Arbeit besiegen. Doch es handelt sich nicht nur ums Wirtschaften; im Grunde geht es um den Inbegriff der Moderne schlechthin. Der Sturm der Direktheit erfaßt jeden Lebensbereich, bis ins Intimste: »Zur Sache, Schätzchen!«

In den Erinnerungen eines Europäers an »die Welt von gestern« erzählt Stefan Zweig von einer Tante, »die in ihrer Hochzeitsnacht um ein Uhr morgens plötzlich wieder in der Wohnung ihrer Eltern erschien und Sturm läutete, sie wolle den gräßlichen Menschen nie mehr sehen, mit dem man sie verheiratet habe, er sei ein Wahnsinniger und ein Unhold, denn er habe allen Ernstes versucht, sie zu entkleiden. Nur mit Mühe habe sie sich vor diesem sichtbar krankhaften Verlangen retten können.«[55]

Wahrlich, das könnte uns nicht mehr passieren. Wir sind stolz darauf, mit den nackten Tatsachen des

Lebens vertraut zu sein, stolz auf die Errungenschaften einer Sexualität pur, die wir auf der Habenseite unserer Aufgeklärtheit und Emanzipation verbuchen.

Seltsam allerdings: Die rechte Lust will sich nicht einstellen; etwas eigentümlich Unfrohes, um nicht zu sagen Barbarisches haftet an dieser Abart von Befreiung. Das läßt sich verstehen. Als bloßes, in jedem Sinne nacktes Naturwesen wäre der Mensch gar nicht lebensfähig; die natürliche Künstlichkeit gehört zu seinem Wesen ebenso wie die vermittelte Unmittelbarkeit.[56] Diese dialektische Struktur wird dann historisch noch einmal überformt. Der Prozeß der Neuzeit zielt auf die Aufdeckung, Beherrschung und Nutzung des Natürlichen – und schafft eben damit hochkünstliche Lebensbedingungen. Wie niemals zuvor sind wir vom Funktionieren unserer Herrschaft über die Natur abhängig geworden, und wie niemals zuvor sind wir in die Gefahrenzonen der Selbstvernichtung geraten, weil die Beherrschung der Naturkräfte zugleich deren Entfesselung bedeutet. Eben damit schlägt unsere natürliche Künstlichkeit in ihr Gegenteil, in die künstliche Natürlichkeit um: Das Bewahren der Natur wird zur vorrangigen Aufgabe, zur Überlebensbedingung.

Entsprechend fordert der Triumph der Direktheit eine neue Indirektheit, sozusagen den Luxus künstlicher Hindernisse und eine Kultivierung der Umwege. Das gilt politisch: Im Kunstwerk einer Kultur vieldimensionaler Gewaltenteilung müssen wir die Kräfte unter Kontrolle bringen, die hinter unserer Weltbemächtigung als Gefahren der Zerstörung lauern.[57] Es gilt aber auch oder erst recht im Alltag des Menschlichen. Je tiefer wir nämlich unter den Überfluß des banal Nützlichen und Notwendigen geraten, desto dringender brauchen wir einen Halt im Luxus des wirklich Überflüssigen.

Was gemeint ist, läßt sich exemplarisch am Spiel zeigen. Alles Spielerische hat damit zu tun, daß wir – und zwar nicht der Not gehorchend, sondern in Freiheit! – uns Ziele setzen, die wir nur indirekt, in der Überwindung oder Umgehung künstlicher Hindernisse erreichen können. Gleich, ob es sich um Schau-Spiele, um Spiele des sportlichen und geistigen Wettkampfes, um das Spiel der Geselligkeit oder das der Erotik handelt: Erst die Kultivierung der Hindernisse und Umwege, also des Indirekten und Unnützen, des ganz und gar überflüssigen Aufwands an Zeit, an Mitteln und an eigenem Können, schafft Anspannung und Entspannung, selbstvergessene Versammlung in sich und heiteren Ernst, kurz: die Voraussetzungen dafür, wahrhaft zu genießen.

Eine Kultur des Indirekten entwickeln: Das ist freilich leichter gesagt als getan. Lange genug hat der »Sturm der schöpferischen Zerstörung« vor allem als Zerstörung gewirkt. Ohnehin ist der Luxus des Überflüssigen billig nicht zu haben – und für Geld allein auch oder erst recht nicht. Er erfordert Hingabe, Anspannung, die Schärfung der Sinne und der Phantasie. Im übrigen muß gegen Mißverständnisse betont werden, daß es keinesfalls um die Rücknahme der Emanzipation und der Aufklärung geht, sondern um die Dialektik. Der Philosoph der Dialektik, Hegel, hat vom Aufheben im Dreisinne gesprochen, welches das Abschaffen ebenso meint wie das Bewahren und das Hinaufheben auf eine neue und höhere Stufe. So verstanden, wäre über die Dialektik der Aufklärung nicht nur zu klagen, sie wäre allererst zu vollziehen.

Um beim Beispiel, bei der Sexualität zu bleiben: Sie dürfte nicht bloß die »Sache« sein, die im Triumph der Befreiung schon wieder die Unfreiheit, den Zwang zum banalen Vollzug und zur bloßen Leistung, sozusagen ihren Vollstreckungsbefehl mit sich führt. Das Spiel der Erotik kann zur wirklichen Freiheit und zur Freude wohl nur gelangen, wenn Indirektheit und Direktheit, Verhüllung und Enthüllung, Weigerung und Hingabe zur Balance entwickelt werden. Dafür taugen allerdings keine Rezepte; wie überall sonst käme es darauf an, auf vielen Wegen und Umwegen die gemäßen Formen erst zu ertasten und dann zu kultivieren.

Das Bündnis der Generationen

»Ehrwürdiger Greis!« Diese Anrede wurde im Jahre 1774 Immanuel Kant zuteil, als man in Königsberg seinen Geburtstag festlich beging – allerdings nicht den siebzigsten oder einen noch späteren, sondern den fünfzigsten. Heute wäre das unvorstellbar; der Fünfzigjährige sieht sich auf der Höhe seines Lebens, und er wird weder als Greis angesprochen noch als ehrwürdig erkannt. Das Verhältnis der Generationen hat sich gründlich und abgründig verändert. Nicht alt, sondern jung zu sein oder wenigstens zu scheinen, darauf kommt es an.

Zu diesem Umbruch hat einmal der Wandel der Mehrheitsverhältnisse beigetragen. In der Relation der Altersstufen gibt es immer weniger junge Menschen und immer mehr »Senioren«; aus der einst breit angelegten Bevölkerungspyramide ist ein schmal und hoch aufragender Turm geworden. Die ehernen Marktgesetze aber besagen, daß das Seltene kostbar und das massenhaft Vorhandene zu Schleuderpreisen zu haben ist.

Zweitens und vor allem entwertet die reißende Flut technischer Veränderungen die mit dem Alter angesammelten Erfahrungen: Die Anpassungs- und Lernfähigkeit scheint allein noch wichtig. Das »aufstrebende« Unternehmen sucht daher den »jungen« und »dynamischen« Mitarbeiter, während es den älteren in die Arbeitslosigkeit oder in den Vor-Ruhestand abschiebt. Und gegenüber dem vierzehnjährigen Computer-Freak kann schon der Mittdreißiger, wie es so schön oder vielmehr häßlich und bezeichnend heißt, »alt aussehen«.

Bei alledem geht es nicht bloß und vielleicht nicht einmal in erster Linie um Arbeit und Beruf. Es geht vor allem ums Selbstbewußtsein. Nicht nur am Computer, sondern auch in der »Disco« mag es dem Mittdreißiger passieren, daß er so sanft wie unerbittlich gefragt wird: »Na, Opa, was willst du denn hier?« Und es geschieht ihm recht; wer sich im Älterwerden auf Schein-Gefechte ums Jungsein einläßt, hat die Verliererstraße schon eingeschlagen. Hinter Fassaden der Munterkeit quillt das Häßliche auf, nistet das Trostlose: Man sehe sich die »Juhu!«-Attitüde an, mit der in den »Sonnenschein«-Gettos Mallorcas oder Floridas welke Männer und Frauen vergeblich mit den Enkeln und Enkelinnen konkurrieren. Will man schöne und wahrhaft ehrwürdige Greise und Greisinnen sehen, muß man in ganz andere Himmelsrichtungen reisen, in den Kaukasus vielleicht oder nach Nepal: dorthin, wo es noch vormoderne Traditionsbestände gibt. Denn einzig dort kann man noch eine Ahnung davon bekommen, was die Bibel meint, wenn sie von Abraham und Isaak sagt, daß sie nicht nur sehr alt, sondern auch »lebenssatt« starben.

Läßt sich der Tatbestand ändern? Innerhalb der Arbeitsgesellschaft kaum; sie führt ihre eigenen Gesetze mit sich, die man beklagen, aber nicht außer Kraft setzen kann. Erst in den Horizonten der Muße könnten Erfahrungen wieder sichtbar und wichtig werden, die keineswegs veralten, weil sie nicht dem »Fortschritt« unterstehen, sondern im allgemein Menschlichen gründen. Es wäre nur konsequent, wenn dem Alter bei der Rückeroberung solcher Erfahrungen eine Pionierrolle gerade deshalb zufiele, weil es von der Arbeitsgesellschaft systematisch ausgeschieden wird. Allerdings müßte dieses Ausscheiden ausdrücklich angenommen und nicht etwa vertuscht werden.

Ein Beispiel vorab: In der vom Konkurrenzkampf beherrschten Gesellschaft stellt das Vertrauen auf die Unabhängigkeit des Urteils ein prinzipiell knappes und kostbares Gut dar. Denn unwillkürlich unterstellt jeder jedem Ehrgeiz, Karrierestreben, Parteilichkeit und Interesse. Experten reden so, wie die Parteien es hören wollen, die sie jeweils geladen haben, und zu welchem Ergebnis ein Gutachter kommt, meint man schon vorweg zu wissen, wenn man die Instanz kennt, die seine Arbeit bestellt und bezahlt. Wer dagegen alt ist, vermag Vertrauen zu wecken, weil er seinen eigenen Ehrgeiz, sein Machtstreben und seine Karriere schon hinter sich hat. Es ist daher kein Zufall, daß in zugespitzten Situationen, im festgefahrenen Streit alte Männer als Mittler und Schlichter zur Hilfe gerufen werden, um einen Ausweg zu finden; man denke für die Geschichte der Bundesrepublik Deutschland in den siebziger und achtziger Jahren an Namen wie Heinrich Albertz, Hermann Höcherl, Georg Leber.

Gewiß: Mit dem Alter allein ist es schwerlich getan. Es schützt bekanntlich nicht vor Torheit; es ist eine notwendige, aber keine hinreichende Bedingung. Etwas schwer Wägbares der Persönlichkeit, ihres Charakters und ihrer Lebensbewährung muß noch hinzukommen, und es wäre wichtig, im einzelnen zu untersuchen, was das eigentlich ist. Vermutlich spielen Erfahrungen eine besondere Rolle, die im Umgang mit Menschen gesammelt wurden und ihre Probe bestanden haben. Doch wenn es so ist, dann handelt es sich nicht nur um Ausnahmesituationen, sondern um das schlechthin Humane, das innerhalb der Konkurrenzgesellschaft als ein Luxus erscheint.

Im Verhältnis der Generationen untersteht indessen die Vermittlung solcher Erfahrungen besonderen Bedingungen. Zwischen Eltern und Kindern ist das Mißlingen wahrscheinlicher als das Gelingen. Denn Eltern sind im Wortsinne Vor-Gesetzte; in der Art, wie sie reden oder schweigen, stecken immer schon, bewußt oder vorbewußt, Machtansprüche ebenso wie Rechtfertigungen. Die Kinder ihrerseits müssen sich losreißen und eigene Erfahrungen sammeln, um aus ihnen ihr Selbstbewußtsein zu entwickeln. Anders die Großeltern. Für sie geht es nicht mehr um Macht und um Rechtfertigung. Darum können die Enkel ihnen zuhören, ohne sich gegängelt oder gar gefährdet zu fühlen.

Wohlgemerkt: Dies gilt im Reich des Überflüssigen, nicht des Notwendigen. Und Illusionen sind schwerlich erlaubt: Auch das Alter ist zunächst einmal ein

Produkt der Verhältnisse. Darum hat die moderne Gesellschaft zum Beispiel die großväterliche und großmütterliche Fähigkeit zum anschaulichen Erzählen beschädigt, wenn nicht zerstört. Nirgendwo ist die Heimkehr zum Luxus, die Kultivierung der Muße im Ausverkauf zu haben. In der Anspannung aber auf eine neue Erfahrung, Formgebung und Wertung des Menschlichen könnte das Generationsbündnis der Alten und der Jungen zentrale Bedeutung gewinnen.

Und noch etwas wäre denkbar. Bei Rilke heißt es einmal: »Noch für unsere Großeltern war ein ›Haus‹, ein ›Brunnen‹, ein ihnen vertrauter Turm, ja ihr eigenes Kleid, ihr Mantel: unendlich mehr, unendlich vertraulicher; fast jedes Ding ein Gefäß, in dem sie Menschliches vorfanden und Menschliches hinzusparten ... Die belebten, die erlebten, die uns mitwissenden Dinge gehen zur Neige und können nicht mehr ersetzt werden. Wir sind vielleicht die Letzten, die noch solche Dinge gekannt haben.«[58]

Doch vielleicht auch nicht: Im Generationsbündnis, in einer Entdeckerfreude der Jungen gleichsam nach rückwärts auf das, was einmal war, und damit in der Ermutigung der Alten könnte das Erinnern und Bewahren, eine Beheimatung im Menschlichen gelingen, nach dem Motto: Was bleibt, stiften die Großeltern.

Der Kampf der Geschlechter

Gleich, ob in ihrer protestantisch-puritanischen, der preußischen oder der bürgerlichen Spielart: Die Arbeitsgesellschaft hatte die Frau entweder ausgeschlossen oder auf dienende Funktionen beschränkt, das heißt sie in den minderen Rang verwiesen. Der Kampf um Emanzipation wurde und wird daher zunächst innerhalb dieser Gesellschaft um die Chancengleichheit ausgefochten. Doch so verständlich und so berechtigt das sein mag, auf die Dauer kann es schwerlich genügen. Insgeheim verkehren sich noch die Fortschritte und Erfolge in Niederlagen, weil sie Unterwerfung bedeuten: Unterwerfung unter die Gesetze einer einseitig bis extrem männlich bestimmten Lebensordnung und Verhaltensprägung.[59] Zugespitzt ausgedrückt: Weithin läuft diese Emanzipation darauf hinaus, daß auch die Frau ihren Mann stellen darf. Käme es indessen nicht ebenso oder noch mehr darauf an, den »männlichen« Welten und Werten etwas spezifisch Weibliches entgegenzusetzen?

Natürlich: Wer so redet, setzt sich dem Verdacht aus, arglistig zu täuschen und die Frauen hinterrücks wieder auf ihren »angestammten« Platz, auf Familie, Kinder und Küche oder im Beruf auf die betreuenden und pflegerischen Hilfsdienste verweisen zu wollen. Aber von der Tatsache abgesehen, daß die Geringschätzung dieser Bereiche doch jenen Männeridolen entstammt, die dringend der Revision bedürfen: Es ist daran zu erinnern, daß hier von den Zukunftsperspektiven die Rede ist, die über die Arbeitsgesellschaft hinausweisen. Und eben in diesen Perspektiven käme es auf die Korrektur der herrschenden Einstellungen, vielmehr auf einen grundlegenden Wandel der Werte erst recht an: darauf, dem Todestrieb der Eroberer und Helden mit der Kraft und Geduld zum Leben[60], dem Sturm der Zerstörung mit dem Bewahren, der »gefühllosen baren Zahlung« mit der Solidarität, der Härte sänftigend und dem Rohen zivilisierend zu begegnen. Wie wichtig das wäre, sollte angesichts der Katastrophen und Gefährdungen unseres Zeitalters eigentlich keines Kommentars bedürfen. Doch nicht das Wegradieren der Geschlechterspannungen, sondern nur ihre dialektisch dreisinnige Aufhebung könnte zum Ziel führen.

Wenn man nach historischen Vorbildern sucht, dann stößt man vor allem auf die Salonkultur, wie sie besonders in Frankreich blühte, aber sogar in Preußen einige freilich rasch wieder verdorrende Knospen trieb. Zwar handelte es sich in der Geschichte der Neuzeit nur um eine Nebenerscheinung und natürlich um ein Luxusgebilde, das den Alltag der Massen unberührt ließ. Aber eine Neubewertung dürfte angebracht sein, im Kontrast zu jener borussisch-deutschen Männerhistorie, die schon in dem »galanten Zeitalter« Preußens unter Friedrich Wilhelm II. nichts als die Verweichlichung und damit die Dekadenz erkennen mochte, auf die dann bei Jena und Auerstedt sozusagen die Schicksalsstrafe folgte.

Im Gegensatz zu all den Institutionen, in denen die Männer sorgsam unter sich blieben – dem Tabakkollegium des »Soldatenkönigs«, dem Kasino, der akademischen Korporation, dem angelsächsischen Klub – stand im Mittelpunkt des Salons stets eine kluge und in jedem Sinne gebildete Frau.[61] Sie bestimmte die Atmosphäre – und entschied mit ihren Einladungen oder Nichteinladungen über den Zutritt zu einem Kreis der geselligen Gesprächskultur, in dem das Intim-Private und das Öffentlich-Repräsentative eine eigentümliche Verbindung eingingen. Selbstverständlich spielte das Allzumenschliche stets eine Rolle: der Klatsch und die Eitelkeit des Dabeiseins, das Haschen nach Konnexion und Karriere – was freilich für die rein männlichen Institutionen ebenso oder erst recht zutreffen dürfte –; wesentlich für den Rang des Salons war jedoch die Förderung von Kunst, Literatur und Ideen. Die Bedeutung der Salonkultur im Frankreich des 18. Jahrhunderts für die Entwicklung der Aufklärung wird man kaum hoch genug veranschlagen können.

Mit im Spiel war stets auch die Erotik. Wer darüber die Nase rümpft, sollte einerseits den Kultivierungsgewinn nicht übersehen – und andererseits die rein männlichen Alternativen in ihren trüben Mischungen, in ihrer Spannweite von der Verhemmtheit bis zur Zote bedenken. Im übrigen war es nicht zum geringsten die erotische Komponente, die dem weiblichen Einfluß auf die Männer als Transportmittel diente.

Kann nun das historische Beispiel ein Modell für die Zukunft abgeben? Im ganzen wohl kaum. Allzu eng bleibt der Salon an die vormoderne Kultur der wenigen gebunden; im wesentlichen handelt es sich um eine Erscheinung im Abendglanz des Ancien régime, in einer Periode des Übergangs also, in der die höfisch-aristokratische Zivilisation noch kräftig genug ist, um anziehend zu wirken – und schon morsch genug, um sich den Außenseitern und Aufsteigern aufzuschließen, die seine Totengräber sein werden.[62] Da aber andere, konkrete Modelle sich noch nirgendwo abzeichnen, scheint es müßig, über sie zu spekulieren. Hier ging es nur darum, auf Elemente aufmerksam zu machen, die im Wertewandel und für Verhaltensänderungen wichtig sein könnten.

Das gilt im Sinne der Gegenkräfte zu einer einseitig männlich bestimmten Ordnung. Und es gilt im Sinne einer Ermutigung: Wenn es sogar in der Geschichte der Neuzeit solche Gegenkräfte gegeben hat, warum sollten sie dann nicht erst recht eine Chance haben, wenn die Grenzen der modernen Arbeitsgesellschaft überschritten werden?

Geselligkeit

In der Fachsprache der Soziologie kommt »Gesellschaft« in dreifacher Bedeutung vor: erstens als allgemeiner Oberbegriff – »Gesellschaftswissenschaften« –, zweitens als Bezeichnung historischer Einheiten – »Ständegesellschaft«, »Klassengesellschaft«, »Industriegesellschaft« – , drittens als formaler Strukturbegriff – »Gesellschaft« als Gegensatz zur »Gemeinschaft«. Dagegen fehlt eine vierte Verwendungsart, und zwar seltsamerweise gerade diejenige, die sich aus der ursprünglichen Bedeutung herleitet[63] und der Umgangssprache noch vertraut ist: Gesellschaft als ein Kreis der Geselligkeit, Gesellschaft, die man gibt oder besucht, die »gute« Gesellschaft, zu der »man« gehört, oder die schlechte, in die man gerät.

Dieses Vergessen des Ursprungs kommt nicht von ungefähr, denn die Soziologie entstammt selbst der modernen Entwicklung, die die alte und traditionsreiche Einheit des Wirtschaftens und des Familienlebens im »ganzen Haus« zerreißt.[64] Es vollzieht sich eine Polarisierung, die Trennung von Wohnung und Arbeitsplatz, von Familie und Beruf, von Konsum und Produktion, von Freizeit und Arbeitszeit; es scheidet sich eine Sphäre des Privaten, Persönlichen und Intimen, des Subjektiven und Gefühlsbetonten von einer

Gegensphäre des Öffentlichen, der Versachlichung und des möglichst berechenbar Objektiven.[65] In solcher Polarisierung ist für Geselligkeit offenbar wenig oder gar kein Platz; sie paßt zur Isolierung einer – stets schrumpfenden – Familie so schlecht wie zur Spezialisierung der Berufe.

Paßt aber der Mensch? Es sieht nicht so aus. Kant hat von unserer ungeselligen Geselligkeit gesprochen, und Schopenhauer fand das Bild von den frierenden Stachelschweinen: Sie rücken zusammen, um sich zu wärmen, treiben einander schmerzhaft die Stacheln ins Fleisch, nehmen Abstand, frieren, drängen zur Nähe, geraten in den Bann des Schmerzes ... Und so fort und fort: Wir brauchen die Nähe so dringend wie die Distanz; wir träumen von einer bekömmlich vermittelnden Mitte.

Jedenfalls: Wo sie diese Mitte zu finden meinen, strömen die Menschen sofort in Scharen herbei. Man denke an das anglo-amerikanische Klubwesen oder an das deutsche Vereinswesen. In der Bundesrepublik sind allein im Deutschen Sportbund rund zwanzig Millionen Menschen in weit über 60000 Vereinen organisiert.

Natürlich dient der Verein einem sachlichen Zweck: Kleingärten zu bewirtschaften, Brieftauben zu züchten, zu singen oder die Gesundheit zu fördern. Aber diese Binsenweisheit stellt zugleich – bestenfalls – eine Halbwahrheit dar. Der Augenschein und Umfragen weisen aus, daß es im Kreis der Gleichgesinnten vor allem um die Geselligkeit geht. Daher gilt überall, was man am Beispiel des Sports festgestellt hat: »Die meisten Leute treten einem Verein bei, weil ihnen nach Gesellschaft und Geselligkeit der Sinn steht; nicht, um

Sport zu treiben.«[66] Mitunter mag die Geselligkeit den ursprünglichen Zweck beinahe zuwuchern.

Der Verein steht in der Öffentlichkeit, er wirkt repräsentativ; die Zeitungen berichten über seine Erfolge und Mißerfolge. Aber zugleich gibt es Momente der Privatheit und Abgeschlossenheit; man ist »unter sich«; zum Übungsgelände, zum Klubhaus oder Vereinsstammtisch hat eben nicht jeder Zutritt. Es entsteht eine Atmosphäre der Vertrautheit, Kameradschaftlichkeit, ein »wir«, das von »den anderen« abhebt. In dieser eigentümlichen Mischung der Gegensätze entfernt man sich von der puren Intimität ebenso wie von der baren Sachlichkeit des geschäftlichen Verkehrs, in dem Geselligkeit allenfalls manipuliert wird, um das Betriebsklima und die Geschäftsabschlüsse zu verbessern.

Und damit vollzieht sich entscheidend Wichtiges: Entlastung. Die Geselligkeit entfernt uns vom Ärger des Berufslebens wie von der Enge der Familie, kurz: vom sorgenreichen Alltag und „Ernstfall“. Als solche Entlastung, buchstäblich als Ausgelassenheit, Freiheit, Freiwilligkeit nähert sich Geselligkeit der Sphäre des Spiels. Man kann sich vieles erlauben, was sonst nicht möglich wäre. Doch ebenso schafft das Spiel der Geselligkeit Verpflichtungen, eine neue, nur ihm eigene Moral; vieles kann man sich gerade nicht erlauben, was man sich sonst im Alltag herausnehmen würde.

Wie jedes Spiel will auch die Geselligkeit mit Hingabe, ja mit einem Stück Leidenschaft gespielt werden. Oder anders und genauer: Zu diesem Spiel gehört ein eigentümlicher Schwebezustand, eine dauernde Ambivalenz, die vermittelnde Mitte zwischen Freiheit und Verpflichtung, Unverbindlichkeit und Hingabe,

Distanz und Nähe. Jedes Übergewicht nach der einen oder anderen Seite hin müßte einen Absturz, ein Mißlingen nach sich ziehen, und die Ausgelassenheit wäre sofort dahin.

Das Vereinswesen stellt natürlich nur ein Beispiel dar. Es gibt noch manches andere, etwa die Kaffeehaus-, Weinschenken- und Bierkneipenkulturen mit ihren je spezifischen Akzenten. Hier wird ein weiteres Grundelement der Geselligkeit besonders sichtbar: das Gespräch. In den Polarisierungstendenzen der modernen Gesellschaft droht es zu ersticken. Auf der einen Seite, in der Spezialisierung der Berufe, verdorrt das Gespräch zur Fachsimpelei der Experten. Auf der Gegenseite verkommt es zum inhaltsleeren Exhibitionismus der Gefühle oder zum bloßen Klatsch und Tratsch, wobei das Abgeschnittensein von Informationen die Vorurteile um so üppiger wuchern läßt.

Das wirkliche Gespräch lebt von der positiven Dialektik. Einerseits bedarf es des Gehalts, der Sache, über die gesprochen wird. Aber es darf an der Sache nicht kleben, wenn es nicht zur stupiden Rechthaberei entarten soll. Andererseits wird jedes Gespräch zwischen Personen geführt, und darum schwingt stets Persönliches mit. Wer indessen alles »persönlich« nimmt, mit dem kann man nicht reden, es sei denn, ihm nach dem Munde. Zum guten Gespräch muß daher der Takt, die behutsame Ausklammerung des Persönlichen gehören. Doch weil es, schwierig genug, um die Verbindung der Pole geht, darum wirkt das gelungene Gespräch beglückend. Es macht uns doppelt reicher, weil wir klüger werden – und weil wir einen Partner, vielleicht sogar einen Freund gewinnen.

Wie nun kann man Geselligkeit und Gespräch kultivieren? Die Frage führt über die Arbeitsgesellschaft hinaus in die Zukunft – und zugleich, auf der Suche nach Orientierung, zurück in die Vergangenheit. Dabei kommt eine Institution in den Blick, für die die moderne Gesellschaft nur noch wenig Verständnis aufbringt: das Fest.

Sieht man sich diese Institution genauer an, so erkennt man, daß in ihrem Mittelpunkt eigentlich immer das festliche Essen gestanden hat. Das ist kein Zufall: Ein gelungenes Mahl kann aus sich selbst schon zum Fest werden, aber ein Fest ohne das Festessen verdient seinen Namen schwerlich. Und nicht die Freßlust steht im Vordergrund, sondern der Überfluß als ein Triumph der Freiheit über die Notwendigkeit, als eine Traumerfüllung im alltäglichen Erfahrungshorizont des Mangels. Jedenfalls überall dort ist das noch zu spüren, wo vormoderne Kulturbestände sich erhalten haben.

Zweierlei erscheint als besonders wichtig. Einmal geht es um das Verhältnis zur Zeit. Die Vorbereitung des Festmahls wie dieses selber erfordert sie in jenem Maße, das ein geiziges Nachrechnen nicht verträgt. Wer heimlich auf die Uhr schaut und nach einer Stunde schon nervös wird, weil er seine kostbare Zeit nützlicher verwenden könnte, der ist für das Fest verloren. Und verloren ist auch, wer das gute Essen als Mittel zum Zweck mißbraucht, wie in der barbarischen Erfindung des »Arbeitsessens«. Es mag den Geschäften oder der Diplomatie dienlich sein, aber das Festliche ist trotz noch so erlesener Speisen und beträchtlicher Spesen unwiderruflich dahin.

Denn jedes wirkliche Fest wirkt, auf Zeit, als ein Bollwerk wider die Zeit, gegen den Andrang der

Zukunft mit ihren Sorgen und Ungewißheiten. Das sollte übrigens heute und morgen womöglich noch mehr gelten als vorgestern: Im Zeitalter der sekundengenauen Uhren und der Terminkalender stellt nicht der materielle Aufwand, sondern das Vergessen und Verschwenden der Zeit den eigentlichen Luxus dar.

Zum zweiten kommt es wieder auf die Geselligkeit an. Man feiert und ißt nicht allein, sondern mit Freunden, mit Nachbarn und mit der Familie. Je größer der Kreis, desto besser. Darum taugt die moderne Kleinfamilie, die so rasch überfordert ist, zum festlichen Feiern weit weniger als der altertümliche Clan, dieses vielköpfige Gewirr aus Onkeln und Tanten, Neffen und Nichten, Schwägern und Schwägerinnen, Jungen und Alten, soweit die Generationen nur reichen. Darum auch die verblüffend große Zahl der Gäste, von der aus der Vergangenheit unfehlbar berichtet wird, sei es bei Bauernhochzeiten oder beim Leichenschmaus.

Wahrscheinlich gilt ohnehin, daß jede Kultur des Essens unlösbar an Geselligkeit und Gespräch gebunden ist. Der einzelne als einzelner möchte, durchaus verständlich, seinen Aufwand so gering wie möglich halten; unwillkürlich drängt er in die Kantine, in den Schnellimbiß oder zum Fertiggericht aus der Dose. Im großen Kreis sieht es anders aus, weil die Kochkunst einen Eckstein der Geselligkeit bildet; das gute Essen hält eben nicht nur Leib und Seele, sondern auch Freunde, Nachbarn und Familie zusammen. Kaum zufällig haben zwei Völker die Kultur aus der Küche zur Höhe des Klassischen geführt: die Franzosen und die Chinesen. Denn beide lieben das gesellige Beisammensein, das sie mit Behaglichkeit, ja mit dem Glück gleichsetzen. Der vielberufene »Gott in Frankreich« ist alles andere als ein einsamer Eiferer wider seine Nebenbuhler.

Kochrezepte lassen sich freilich weit einfacher übertragen als Lebensformen. Im Grunde kann man nur immer wiederholen, daß die Heimkehr zum Luxus nicht billig zu haben ist. Eine Kultur der Geselligkeit braucht viel Zeit. Sie fordert, aber sie weckt auch den Geist und die Sinne; sie erzieht zum Feingefühl für Formen und für Nuancen, zur Genauigkeit im Detail und zur Großzügigkeit.

Vom Luxus des Letzten

»Ein Letztes noch: die Ekstase. Dieser Zustand des Heiligen, des großen Dichters und der großen Liebe ist auch dem großen Mute vergönnt. Da reißt Begeisterung die Männlichkeit so über sich hinaus, daß das Blut kochend gegen die Adern springt und glühend das Herz durchschäumt. Das ist ein Rausch über allen Räuschen, Entfesselung, die alle Bande sprengt. Es ist eine Raserei ohne Rücksicht und Grenzen, nur den Gewalten der Natur vergleichbar. Da ist der Mensch wie der brausende Sturm, das tosende Meer und der brüllende Donner. Dann ist er verschmolzen ins All, er rast den dunklen Toren des Todes zu wie ein Geschoß dem Ziel. Und schlagen die Wolken purpurn über ihm zusammen, so fehlt ihm längst das Bewußtsein des Übergangs. Es ist, als gleite die Woge ins flutende Meer zurück.«

Diese Sätze stammen von Ernst Jünger, dem vielfach verwundeten und hochdekorierten Frontoffizier des Ersten Weltkrieges, aus seinem Versuch, die Erfahrung des Kampfes in Worte zu fassen.[67] Man mag abscheulich finden oder »nihilistisch« nennen, was da gesagt wird, aber man darf die Botschaft nicht überhören, die Erkenntnis keinesfalls verdrängen: Der Mensch ist das Wesen, das zu seiner Erprobung am Äußersten drängt, zur Selbsterfahrung an letzten Grenzen oder über sie noch hinaus. Denn dies eben, die Ahnung des Äußersten, macht ihn zum Menschen, von aller Kreatur unterschieden, und der Drang an die Grenze erweist sich als Luxus des Absoluten, als das biologisch gesehen völlig Überflüssige, das zugleich das Notwendige ist, weil es für den Menschen kein Zurück mehr gibt ins unwiderruflich verlorene Paradies reiner Natur. Dabei schließt der Luxus der Selbsterfahrung als sein buchstäblich Äußerstes und Letztes die Möglichkeit ein, in die Selbstzerstörung zu münden. Ernst Jünger hat – 1932 – gesagt: »Das tiefste Glück des Menschen besteht darin, daß er geopfert wird, und die höchste Befehlskunst darin, Ziele zu zeigen, die des Opfers würdig sind.«[68] Das erwies sich als abgründig wahr.

Zum langen Weg an die Grenze bieten viele Wege sich an, und man kann sie als Eroberer wie als Pilger betreten. Der Geist verlangt dem Körper ein Äußerstes ab beim Gipfelsturm im Himalaja, in der Glut der Wüste, im Eis der Antarktis. Oder er weist nach innen zur Askese und zur Ekstase, in die Geduld der Meditation oder die Ungeduld des Rausches. Propheten und Führer versprechen sich als Reiseleiter für Bewegungen in der Gemeinschaft, um den Billiglohn von Gehorsam und Unterwerfung. Doch sofern der Abgrund sich nicht auftat und Eroberer wie Pilger, die

Führer und ihre Gefolgschaften verschlang, bleibt am Ende noch immer die Frage: Was kommt denn dann und danach?

Der christliche Glaube gibt eine seltsam abweisende Antwort. Er sagt, daß der Mensch mit allen seinen Kräften ans Vorletzte gebunden bleibt und darum aus eigenem Vermögen weder das Heil in seiner Seele noch in der Welt herstellen kann. Denn das Letzte ist das Reich Gottes.

Diese Unterscheidung des Vorletzten und des Letzten[69] hat als das protestantische Prinzip Epoche, ja Welt-Geschichte gemacht. Sie hat, aus der Stärke des Glaubens, die Welt dem Unglauben, der Skepsis, der Aufklärung und Säkularisation freigegeben; als das Vorletzte geriet diese Welt unter die Zuständigkeit menschlicher Macht. Die moderne Arbeitsgesellschaft ist der Stoff aus dem Geiste des protestantischen Prinzips.

Wenn allerdings diese Arbeitsgesellschaft in die Krise gerät, dann stellt sich die Frage: Gilt das für ihr Ursprungsprinzip nicht ebenso oder erst recht? Und was wird aus der Fähigkeit zum Unglauben und zur Skepsis, wenn ihr Halt, ihr Widerlager im Glauben sich auflöst? Schlägt nicht, wenn die Wechselwirkung und Unterscheidung des Letzten und des Vorletzten zerfällt, die Stunde der falschen Propheten, der Rezeptverkäufer innerweltlichen Heils? Ahnungsvoll, als habe er in die Schrecken unseres Zeitalters blicken können, hat Heinrich Heine schon vor anderthalb Jahrhunderten die Zerstörungswut geschildert, die um der Idole des innerweltlichen Heils willen eine unvollkommene Welt erst einmal zerschlagen möchte. Und er hat geschrieben: »Wenn einst der zähmende Talisman, das Kreuz, zerbricht, dann rasselt wieder empor die Wildheit der alten Kämpfer, die unsinnige Berserkerwut, wovon die nordischen Dichter soviel singen und sagen. Die alten steinernen Götter erheben sich dann aus dem verschollenen Schutt und reiben sich den tausendjährigen Staub aus den Augen, und Thor mit dem Riesenhammer springt endlich empor und zerschlägt die gotischen Dome.«[70]

Was also wird aus dem protestantischen Prinzip? Könnte auch in ihm die Dialektik wirksam werden, jener Dreisinn des »Aufhebens«, der das Abschaffen ebenso meint wie das Bewahren und das Hinaufheben auf eine neue und höhere Stufe?[71] Wäre denkbar, daß damit das Letzte des Glaubens wieder in den Blick käme als der eigentliche »Luxus«, als das absolut Überflüssige, das sich als das strikt Notwendige erweist?

Fragen über Fragen. Aber vielleicht wäre es sogar denkbar, daß – im Durchgang durch seine eigene Aufklärung – der Unglaube sich dem Glauben brüderlich verbündete. Denn im Unglauben und in der Skepsis wird eine teuer genug erkaufte, die entscheidend wichtige Erfahrung unseres Jahrhunderts aufbewahrt: die Erfahrung des Scheiterns am innerweltlichen Heil.

Anmerkungen

1 Brockhaus Enzyklopädie, 17. Auflage Band 11, Wiesbaden 1970.
2 José Ortega y Gasset, Betrachtungen über die Technik, Stuttgart 1949, S. 31 und 29.
3 Johann Gottfried Herder, Ideen zur Geschichte der Menschheit, Erster Teil, Viertes Buch, IV, zuerst 1784.
4 Max Planck, Scheinprobleme der Wissenschaft – Vortrag, gehalten in Göttingen am 17. Juni 1946, Leipzig 1947, S. 31.
5 Siehe hierzu von Werner Sombart: Luxus und Kapitalismus, 2. Auflage München und Leipzig 1922. – Michael Stürmer hat in einem informativen Aufsatz von einer »Ökonomie der Qualität« gesprochen. Siehe von Stürmer: Höfische Kultur des Dixhuitième: Ihr Erbe an die Industriewirtschaft, in: Dissonanzen des Fortschritts, Essays über Geschichte und Politik in Deutschland, München und Zürich 1986, S. 66ff. – In mancher Hinsicht gewinnt das Erbe der Qualitätsökonomie heute wieder eine Bedeutung, die es in früheren Stadien der industriellen Entwicklung kaum gehabt hat.
6 Joseph A. Schumpeter, Kapitalismus, Sozialismus und Demokratie, 2. Auflage München 1950, S. 114.
7 Max Weber, Die protestantische Ethik und der Geist des Kapitalismus, in: Gesammelte Schriften zur Religionssoziologie, 5. Auflage Tübingen 1963, Band 1 (zuerst 1904/5). Aus den nachfolgenden Forschungen ist vor allem zu nennen: Richard H. Tawney, Religion and the Rise of Capitalism, 1926, deutsch: Religion und Frühkapitalismus, Bern 1946.
8 Das nach seinem Verleger Johann Heinrich Zedler benannte »Große und vollständige Universal-Lexicon aller Wissenschaften und Künste« erschien in Halle und Leipzig zwischen 1732 und 1754. Mit 64 Bänden und vier Supplementen stellt es die umfangreichste Enzyklopädie des 18. Jahrhunderts dar. Das protestantische Erbe mischt sich in ihr mit dem Geist der Frühaufklärung. Ein Nachdruck erfolgte 1962/63.
9 Zur genaueren und anschaulichen Darstellung des in diesem

Abschnitt knapp Skizzierten siehe vom Verfasser: Friedrich der Große – Ein Lebensbild, Bergisch Gladbach 1987.

10 Sebastian Haffner hat den Sachverhalt anschaulich geschildert: »Darf man sich wundern, daß dort, wo bei älteren Völkern die Religion ihren festen Platz hatte, in Preußen eine gewisse Leere entstand, und daß in diese Leere etwas eindrang, was man eine bloße Pflichtreligion oder Staatsethik nennen könnte? Die preußischen Grenadiere, die in die Schlacht bei Leuthen marschierten, sangen noch einen Choral, aber dessen einziger Inhalt war bezeichnenderweise die Bitte um Kraft zur Pflichterfüllung – und die Pflicht, die es zu erfüllen galt, war, eine Schlacht zu gewinnen. Pflichterfüllung wurde in Preußen das erste und oberste Gebot und zugleich die ganze Rechtfertigungslehre: Wer seine Pflicht tat, sündigte nicht, mochte er tun, was er wollte ... Mit diesem Religionsersatz ließ sich leben, und sogar ordentlich und anständig leben – solange der Staat, dem man diente, ordentlich und anständig blieb. Die Grenzen und Gefahren der preußischen Pflichtreligion haben sich erst unter Hitler gezeigt.« (Preußen ohne Legende, Hamburg 1978, S. 84.)

11 Georg Wilhelm Friedrich Hegel, Grundlinien der Philosophie des Rechts, § 297.

12 Georg von Below, Heinrich von Treitschkes deutsche Sendung, in: Der Panther 5, 1917, S. 437.

13 Der Brief Voltaires ist abgedruckt in: Rousseau, Schriften zur Kulturkritik – Die zwei Diskurse von 1750 und 1755, Hamburg 1971, S. 301 ff., Zitate S. 303 und 309.

14 Siehe dazu: Der Gesellschaftsvertrag oder die Grundsätze des Staatsrechts, Stuttgart 1971 (Reclam Univ.-Bibliothek Nr. 1769/70).

15 Schriften zur Kulturkritik, a.a.O., S. 191 f.

16 Zweiter Diskurs; Schriften zur Kulturkritik, a.a.O., S. 121.

17 Contrat Social/Der Gesellschaftsvertrag, Erstes Buch, Kap. VI.

18 A.a.O., Drittes Buch, Kap. XV.

19 A.a.O., Zweites Buch, Kap. XI.

20 Heinrich Heine, Zur Geschichte der Religion und Philosophie in Deutschland, zuerst 1835, Drittes Buch.

21 Maximilian Robespierre, Habt ihr eine Revolution ohne die

Revolution gewollt? – Reden, hrsg. v. K. Schnelle, Leipzig ohne Jahr (Reclams Univ.-Bibliothek Nr. 8370-74), S. 321f. – Der Text stammt aus Robespierres berühmter Rede vor dem französischen Konvent vom 5. Februar 1794.

22 A.a.O., S. 329.

23 Brief Jeffersons an James Madison aus dem Jahre 1787. – Jefferson lebte damals in Frankreich; er kannte also Luxus und Elend in der Zitadelle der Zivilisation aus eigener Anschauung.

24 G. W. F. Hegel, Vorlesungen über die Philosophie der Geschichte, Vierter Teil, Dritter Abschnitt, Drittes Kapitel: Die Aufklärung und die Revolution.

25 Thomas More, humanistisch latinisiert Morus, seit 1529 englischer Lordkanzler, wurde 1535 wegen seiner Treue zur römischen Kirche hingerichtet und 1935 heiliggesprochen. Sein Werk »De optimo rei publicae statu deque nova insula Utopia« erschien 1518, zwei Jahre nach der Erstfassung, in einer berühmten Ausgabe mit Holzschnitten von Ambrosius Holbein und Randleisten von Hans Holbein d. J.; deutsch u.a. in: Der utopische Staat, hrsg. v. Klaus J. Heinisch, Reinbek 1960.

26 Siehe von Robert Havemann: Die Reise in das Land unserer Hoffnungen, in: Morgen – Die Industriegesellschaft am Scheideweg, Kritik und reale Utopie, München u. Zürich 1980, S. 78ff.

27 Karl Marx, Die deutsche Ideologie, in: Die Frühschriften, hrsg. v. Siegfried Landshut, Stuttgart 1953, S. 367.

28 A.a.O., s. 361.

29 Thomas Hobbes, Da Cive, Kapitel 1, Abschnitt ; deutsch: Vom Menschen – Vom Bürger, Hamburg 1959, S. 78.

30 Siehe dazu vom Verfasser: Ursprung und Prinzipien des Sports – das englische Beispiel, in: Sport, Gesellschaft, Politik – Eine Einführung, München 1980, S. 11ff.

31 Joseph A. Schumpeter hat gezeigt, daß die kapitalistische Logik nur dank dieser Unlogik funktioniert. Bei strikt individualistischer Orientierung müßte der Unternehmer aufhören zu investieren und nur noch konsumieren, sobald er genug verdient hätte, um den Rest seines Lebens im Überfluß verbringen zu können. Nur dank des überindividuellen »Familienmotivs« kommt ein dauernd zukunftsbezogenes Verhalten zustande.

(Kapitalismus, Sozialismus und Demokratie, 2. Auflage München 1950, S. 258ff.) Im Schwinden des Familienmotivs liegt eine der Begründungen für die von Schumpeter erwartete Krise des Kapitalismus. Es gibt jedoch – auf den Manager ohne Eigentum übertragbar – Ersatzmotive, zum Beispiel »Verantwortung« für das Werk, die Mitarbeiter und so fort, unbeschadet der Tatsache, daß solche Verantwortung eine subjektive Verklärung des Machtstrebens sein mag.

32 Es wirft ein Schlaglicht auf die Verhältnisse, daß bei einer Diskussion über die Sonntagsruhe Bismarck 1885 im Reichstag erklärte, daß mit einer gesetzlich erzwungenen Sonntagsruhe der Arbeitslohn um ein Siebentel gekürzt würde. Der Reichskanzler fragte, »ob der Arbeiter bereit ist, vierzehn Prozent seines Lohnes zu entbehren«. Einen Wandel bewirkte dann das Arbeiterschutzgesetz von 1891. Vorausgegangen war schon 1839 das Verbot, Jugendliche unter sechzehn Jahren an Sonn- und Feiertagen in den Fabriken arbeiten zu lassen; dies war freilich nicht der Menschenfreundlichkeit zu verdanken, sondern der Sorge um gesunde Rekruten.

33 Thorstein Veblens »Theory of the leisure class« erschien zuerst 1899; deutsch als »Theorie der feinen Leute« zuletzt Frankfurt 1986.

34 In der Bundesrepublik Deutschland wurden für das Sozialprodukt von 1960 56 Milliarden Arbeitsstunden benötigt. 1982 hatte sich das Sozialprodukt verdoppelt, während die Zahl der Arbeitsstunden auf 45 Milliarden gesunken war.

35 Joseph A. Schumpeter hat unterstellt, daß der moderne Kapitalismus nur funktioniert, solange in ihm ein vormodernes »Familienmotiv« wirksam bleibt. (Siehe dazu Anmerkung 31.) – Ulrich Beck erweitert diesen Gedanken, wenn er »die Widersprüche einer im Grundriß der Industriegesellschaft halbierten Moderne« registriert, die sich zugleich als »Geschlechtsständeordnung« darstellt und ihre Funktionsfähigkeit auf die Verweigerung von individueller Freiheit und Gleichheit für die Frauen gründet. (Risikogesellschaft – Auf dem Weg in eine andere Moderne, Frankfurt a.M. 1986, besonders S. 179ff.) – Die Inkonsequenz, sich an vormoderne Traditionsbestände zu klammern, um damit einer Selbstzerstörung der Moderne zu

entgehen, betont auf andere Weise Hannah Arendt. (Siehe die Anmerkungen 39/40.) – Zum vormodernen Glaubensbestand als Bedingung moderner Säkularisation siehe vom Verfasser: Politik und menschliche Natur – Dämme gegen die Selbstzerstörung, Stuttgart 1987, S. 168ff.

36 Das Kommunistische Manifest, in: Karl Marx, Die Frühschriften, hrsg. v. Siegfried Landshut, Stuttgart 1953, S. 528f.

37 A.a.O., S. 527f.

38 Thomas Hobbes, Human Nature, Kap. 9, Abschn. 21; English Works, ed. Molesworth, Band IV, S. 53.

39 Hannah Arendt, Elemente und Ursprünge totaler Herrschaft, Frankfurt a.M. o.J., S. 237.

40 A.a.O., S. 244.

41 In Mitteleuropa waren Orte, an denen Hinrichtungen von Hexen – meist Verbrennungen bei lebendigem Leibe – noch von der Mitte bis gegen Ende des 18. Jahrhunderts stattfanden: Würzburg 1749, Endigen 1751, Kempten 1775, Glarus 1782, Posen 1793.

42 Zur näheren Darstellung des Folgenden siehe vom Verfasser: Friedrich der Große – Ein Lebensbild, Bergisch Gladbach 1987; in anderer Form ferner: Die Stunde der Frauen, Stuttgart 1988.

43 Zitiert nach: Karl Barth, Eine Schweizer Stimme 1938–45, Zollikon-Zürich 1945, S. 342.

44 Eine geradezu klassische Darstellung dieser hochbürgerlichen Doppelmoral findet man bei Stefan Zweig: Eros Matutinus, in: Die Welt von Gestern – Erinnerungen eines Europäers, zuerst 1944, Taschenbuchausgabe Frankfurt a.M. ab 1970, zuletzt 1987, S. 86ff.

45 Hannah Arendt, Vita activa oder Vom tätigen Leben, amerikanische Erstausgabe »The Human Condition« 1958, deutsche Taschenbuchausgabe 5. Auflage München 1987, S. 11f.

46 Siehe dazu, als ein Beispiel: Hermann Glaser, Das Verschwinden der Arbeit – Die Chancen der neuen Tätigkeitsgesellschaft, Düsseldorf, Wien, New York 1988.

47 Exemplarisch zeigen sich die Probleme in der westeuropäischen und nordamerikanischen Landwirtschaft. Während längst die Getreide-, Milch- und Fleischüberschüsse sich häufen und gleichzeitig die Menschen ermahnt werden, sich gesünder zu

ernähren, das heißt nicht zuletzt: weniger zu essen, verspricht die bio-technologische Revolution neue, bisher ungeahnte Produktionsmöglichkeiten. Es erscheint daher als rationale Strategie, die Bauern für Flächenstillegungen, also fürs Nichtstun zu bezahlen.

48 Heinrich von Treitschke, Politik – Vorlesungen, gehalten an der Universität zu Berlin. Herausgegeben von Max Cornicelius, Band I, Leipzig 1897, S. 50f. – Treitschkes Polemik hat einen konkreten Gegner. In dem Abschnitt, der dem zitierten vorangeht, heißt es, »daß alle Gesellschaft von Natur eine Aristokratie bildet. Die Sozialdemokratie kennzeichnet den Unsinn ihrer Bestrebungen schon durch den Namen ...«

49 Diesen Sachverhalt hat Alexis de Tocqueville so schneidend wie bündig formuliert, wenn er sagt: »Man hebt in den Vereinigten Staaten die Sklaverei nicht zum Vorteil der Neger auf, sondern zum Vorteil der Weißen.« (Werke und Briefe Band I: Über die Demokratie in Amerika, Erster Teil, Stuttgart 1959, S. 399.) Auf den Seiten, die dem Zitat folgen, wird dies – schon 1835! – mit der gegensätzlichen Entwicklung der Nord- und der Südstaaten anschaulich belegt.

50 Opladen 1975. – Der zweiten, erweiterten Auflage hat Schelsky eine ausführliche Antwort an seine Kritiker hinzugefügt.

51 Die modernen Zwänge des Dabeiseins und Mitmachens hat David Riesman in der Figur des »außengeleiteten« Menschen eindringlich beschrieben. Siehe David Riesman, Reuel Denney, Nathan Glazer: Die einsame Masse, mit einer Einführung von Helmut Schelsky, Hamburg 1958. Amerikanische Originalausgabe: The Lonely Crowd, zuerst 1950. – Siehe auch, als Variation des Themas: William H. Whyte, Jr., The Organization Man, New York 1956, deutsch: Herr und Opfer der Organisation, Düsseldorf 1958.

52 Max Scheler, Die Stellung des Menschen im Kosmos, Ausgabe München 1947, S. 51.

53 In seinem Aufsatz »Mit anderen Augen« schreibt Helmuth Plessner: »Man muß der Zone der Vertrautheit fremd geworden sein, um sie wieder sehen zu können. Mit erfrischten Sinnen genießt man die Wiederbegegnung mit dem nun sichtbar gewor-

denen Umkreis, der uns zugleich freundlich umschließt und als Bild gegenübertritt. In verstärktem Maße erlebt diese Entfremdung, wer als Kind seine Heimat verließ und als reifer Mensch dahin zurückkehrt, vielleicht am intensivsten der Emigrant, der auf der Höhe des Lebens seine tausend in heimisches Erdreich und überkommenen Geist gesenkten Wurzelfasern bis zum Zerreißen gespannt fühlt, wenn er die ganze Überlieferung, aus der heraus er wirkt, nicht wie die Heimat glaubt, durch die Brille der ihn freundlich beschützenden Fremde, sondern mit anderen Augen wieder entdeckt.« (Gesammelte Schriften VIII, Frankfurt a.M. 1983, S. 92f.)

54 Siehe dazu von Joseph A. Schumpeter: Kapitalismus, Sozialismus und Demokratie, 2. Auflage München 1950, S. 134ff.

55 Stefan Zweig, Die Welt von Gestern – Erinnerungen eines Europäers, Taschenbuchausgabe Frankfurt a.M. 1987, S. 98.

56 Helmuth Plessner hat gezeigt, daß es sich bei der natürlichen Künstlichkeit und der vermittelten Unmittelbarkeit um anthropologische Grundgesetze handelt. Siehe von Plessner: Die Stufen des Organischen und der Mensch, Gesammelte Schriften IV, Frankfurt a.M. 1981, S. 383ff. und 396ff.

57 Auf die politische Dimension der Probleme kann hier nur hingewiesen werden. Siehe zur näheren Darstellung vom Verfasser: Politik und menschliche Natur – Dämme gegen die Selbstzerstörung, Stuttgart 1987.

58 Rainer Maria Rilke, Brief an Witold Hulewicz, nach dem Briefstempel vom 13. 11. 1925.

59 Pointiert ausgedrückt fordert daher die erfolgreiche Durchsetzung von der Frau ein super-männliches Verhalten, wie es etwa bei der »eisernen Lady« Margaret Thatcher zum Ausdruck kommt.

60 In seinem Buch »Die Stunde der Frauen« (Stuttgart 1988) hat der Verfasser sich bemüht, diese Kraft zum Überleben an einer realen und exemplarischen Geschichte anschaulich zu machen.

61 Siehe dazu von Marie Gougy-Francois, Les grands Salons féminins, Paris 1965.

62 Siehe Irene Himburg-Krawehl: Marquisen, Literaten, Revolutionäre – Zeitkommunikation im französischen Salon des

18. Jahrhunderts, Osnabrück 1970. – Daß es aber gerade in Frankreich auch schon ältere Formen gab, zeigt L. C. Keating: Studies in the literary salon in France, 1550–1615, Cambridge/Mass. 1941.

63 Siehe Theodor Geiger, »Gesellschaft«, in: Handwörterbuch der Soziologie, herausgegeben von A. Vierkandt, Stuttgart 1931.

64 Zur mittelalterlichen Einheit siehe von Otto Brunner: Das »ganze Haus« und die alteuropäische »Ökonomik«, in: Neue Wege der Sozialgeschichte, Göttingen 1956, S. 33ff.

65 Den Ursprung der Polarisierung in der Renaissance hat Jacob Burckhardt mit berühmten Sätzen gekennzeichnet: »Im Mittelalter lagen die beiden Seiten des Bewußtseins – nach der Welt hin und nach dem Inneren des Menschen selbst – wie unter einem gemeinsamen Schleier, träumend oder halbwach. Der Schleier war gewoben aus Glauben, Kindesbefangenheit und Wahn; durch ihn hindurchgesehen erschienen Welt und Geschichte wundersam gefärbt, der Mensch aber erkannte sich nur als Rasse, Volk, Partei, Korporation, Familie oder sonst in irgendeiner Form des Allgemeinen. In Italien zuerst verweht dieser Schleier in die Lüfte; es entsteht eine objektive Betrachtung und Behandlung des Staates und der sämtlichen Dinge dieser Welt überhaupt; daneben aber erhebt sich mit voller Wucht das Subjektive; der Mensch wird geistiges Individuum und erkennt sich als solches.« (Die Kultur der Renaissance in Italien, herausgegeben von W. Kaegi, Bern o. J., S. 145.)

66 Manfred Lehnen, Handstand für alle im Wohlstand für alle, in: Der Verein – Standort, Aufgabe, Funktion in Sport und Gesellschaft, herausgegeben von der Hamburger Turnerschaft von 1816 e.V., Schorndorf 1967, S. 150. Siehe in diesem Sammelwerk auch Gerhard Seehase (S. 21) und Hans Lenk (S. 292ff.).

67 Der Kampf als inneres Erlebnis, Berlin 1922, S. 53.

68 Der Arbeiter, Hamburg 1932, S. 71

69 Siehe dazu von Dietrich Bonhoeffer: Die letzten und die vorletzten Dinge, in: Ethik, herausgegeben von E. Bethge, 2. Auflage München 1953, S. 75ff.

70 Zur Geschichte der Religion und Philosophie in Deutschland, Drittes Buch, zuerst 1835.

71 Für Überlegungen dieser Art wäre in der neueren Theologie wohl vor allem Paul Tillich zu nennen. Siehe von ihm etwa die Aufsatzsammlung: Der Protestantismus als Kritik und Gestaltung, Gesammelte Werke Band 7, Stuttgart 1962, herausgegeben von Renate Albrecht.